KB275092

스마트카 패권 전쟁

THE 스마트카 패권 전쟁

SDV와 AI가 재편하는 미래 모빌리티 경쟁

SMART CAR WAR

박정규 (공학박사/MBA) 지음

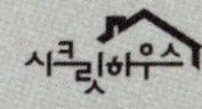

'스마트카 패권 전쟁'. 이보다 더 적확하게 격변하고 있는 자동차 산업의 본질을 설명하는 구절이 있을까? 저자 박정규 교수는 기계 공학을 전공하고 산업 현장에서 엔지니어로 근무했으며, 일본에서 수학한 뒤 다시 현장으로 돌아가 산업 분석과 기업 전략을 연구해 온 지식인이다. 놀랍게도 그는 이후 학계에 입문하여, 축적된 산업 경험과 국제적 감각을 바탕으로 급변하는 자동차 산업을 냉철하게 분석해 왔다.

본 저서의 10개 장을 순서대로 읽다 보면, 미래 자동차 산업에서 보이지 않게 작용하는 변화의 힘과 그 힘으로 말미암아 펼쳐지는 첨단 기업들의 패권 전쟁의 전황이 인과적으로 파악된다. 이는 일본과 중국의 방대한 관련 서적을 탐독해 온 저자의 독서량과 그 안에서 핵심을 추려내는 내재 된 통찰력에 근거한 것이다.

지난 5년간 대한민국의 자동차 산업은 발군의 성장을 이루어 왔다. 그러나 최근 글로벌 경쟁 기업들의 가공할 혁신의 여파로 잠시 방향을 잃고 있는 것 또한 사실이다. 이러한 시점에 우리가 《스마트카 패권 전쟁》을 읽을 수 있다는 것은 매우 다행스러운 일이다. 이를 통해 지난 궤적을 다시 점검하고, 우리의 미래 자동차 전략이 스마트카 패권 전쟁에서 승리로 나아가는 길인지 냉철하게 분석할 필요가 있다.

따라서 이 책은 자동차 산업에 종사하는 엔지니어들에게만 국한된 책이 아니다. 테크 기업의 경영자들, 다양한 기관의 전략 분석가들, 국가 전략을 수립하는 정책 입안자들, 그리고 미래를 그려 나가고 만들어가야 할 젊은 학생들 모두 숙독해야 할 책이다. 벌써 속편을 기다리게 되는 조바심을 누를 수 없다.

_ 홍성수 교수, 서울대학교 전기정보공학부

내연기관 자동차 시장으로부터 전기차라는 신시장으로 움직이게 하고, 소프트웨어 중심 자동차라는 개발 방식에 변혁의 바람을 주도하며, 자율주행을 얼리 어답터의 전유물이 아닌 일반 대중에게까지 성큼성큼 큰 걸음으로 다가온 테슬라의 발자취는 변혁 자체라 할 수 있다. 이런 변혁은 2G폰 시장으로부터 아이폰의 출현으로 스마트폰 시장으로 변화하였던 15년 전의 변혁과 다르지 않으며, 글로벌 메가 트렌드로 자리 잡고 있다. 전통적인 글로벌 자동차회사부터 신생 자동차회사까지, 변화를 겪어가는 여러 자동차회사를 저자는 직접 탐방하고 고찰함으로써 자동차회사들의 현주소와 앞으로 나아가는 방향에 대하여 잘 정리하고 있다. 이 책은 자동차의 현재 수준과 미래의 방향성에 대한 통찰력을 제시해 줄 수 있을 것이다.

_서상범 대표이사, (주)페르세우스

빠르게 변화하는 모빌리티 시장, 그리고 차량 설계와 제조가 융합되는 새로운 자동차 패러다임 속에서 저자의 다양한 경험에서 나온 깊은 통찰력은 우리나라 관련 산업의 귀중한 자산이 되고 있다. 차량 설계와 제조를 아우르는 실무 경험, 산업계와 학계를 넘나드는 다양한 협력과 연구 성과에서 탄생한 이 책은 우리나라 스마트카의 미래를 여러 관점에서 조망하게 해 준다. 다가올 100년의 모빌리티 변화를 통찰하려는 독자들에게 이 책이 소중한 길잡이가 되어 주기를 기대한다.

_정구민 교수, 국민대학교 전자공학부 · 한국모빌리티학회 회장

전기차를 넘어 소프트웨어 정의 차량(SDV)과 자율주행으로 이어지는 미래 모빌리티 산업의 패러다임 전환이 숨 가쁘게 전개되고 있다. 이 책은 그러한 격변의 이면에서, 혁신적 기업가의 철학과 주요 기업들의 전략·기술혁신, 그리고 중국 자동차 산업 폭풍 성장의 비밀을 테슬라, 토요타, BYD, 화웨이, 샤오미 등 전통 완성차 기업과 신규 진입자의 사례를 통해 입체적으로 조망한다. 오랜 기간 자동차 산업에 몸담아온 공학자의 시각에서 저자는 생산 방식과 아키텍처 혁신, '모(母)생태계'와 플랫폼 전략, 표준화, AI의 결합에 이르기까지 한국 자동차 산업의 도약을 위해 꼭 필요한 개념들을 쉽고 명료하게 풀어낸다. 미래 스마트카 시대를 준비하는 모두에게 이 책은 생각의 지평을 넓혀 줄 인사이트를 제공할 것이다.

_박병진 교수, 한양대학교 경영학과

자율주행과 SDV를 연구하는 교수로서, 평소에는 기술적 완성도와 알고리즘에 대부분의 시간을 쏟다 보니 정작 '산업'이라는 더 큰 흐름을 놓칠 때가 있다. 저자의 글은 연구실 안에서는 잘 보이지 않는 산업구조, 경영, 그리고 국가와 회사 간 역학 관계까지를 입체적으로 보여 주며 미래 모빌리티를 통찰하게 해 준다. 특히 SDV와 자율주행, AI 기술을 이론이나 개념 수준에 머물지 않고, 실제 제

스마트카 패권 전쟁

조 현장과 글로벌 시장에서 어떻게 적용되고 때로는 어떻게 충돌하는지까지 냉정하게 분석한 부분이 인상적이었다. 기술을 개발하는 공학자의 시각만으로는 얻기 어려운 현실 감각과 통찰을 제공하며, 우리가 개발하는 기술이 어떤 맥락 속에서 의미를 갖는지 다시 생각하게 한다.

중국의 거센 추격과 글로벌 공급망 재편 속에서 한국 제조업이 처한 위치와 위기를 짚어내는 대목은 나에게도 적지 않은 긴장과 자극을 주었다. 또한, 저자는 한국 자동차 산업이 단순한 생존을 넘어 시장을 선도하기 위해 어떤 전략적 선택을 해야 하는지 매우 현실적인 방향성을 제시하고 있다. 기술과 경영, 현장과 정책을 함께 고민해야 하는 엔지니어, 경영자, 정책 입안자 모두에게 추천하고 싶은 책이다.

_ 조기춘 교수, 한양대학교 미래자동차공학과

———————

자동차 산업은 지금, 지난 한 세기 동안 경험하지 못했던 거대한 전환의 한가운데 서 있다. 전동화가 변화를 이끌 것이라고 모두가 믿었지만, 실제로 산업을 근본적으로 뒤흔든 것은 소프트웨어와 데이터, 그리고 AI였다. 이 책은 바로 그 본질을 정확하게 짚어낸다. 저사는 자동차를 '지상(물리)'과 '상공(논리)'이라는 서로 다른 세계가 충돌하고 융합하는 존재로 바라본다. 왜 기존 강자들이 흔들리고 새로운 플레이어들이 급부상하는지를 현장의 언어와 전략의 언어로 동시에 풀어내는데, 이 문제의식은 오늘 42dot과 현대자동차그룹이 마주하고 있는 현실과 놀라울 정도로 닮아있다.

42dot은 지난 몇 년간 SDV 아키텍처 전환, 데이터 기반 개발 체계 구축, 그리고 엔드투엔드 자율주행 개발에 매진해 왔다. 우리가 만들어낸 소프트웨어 플랫폼과 OTA 체계, 대규모 데이터 파이프라

인, 그리고 글로벌 경쟁력을 갖춘 자율주행 모델들은 자동차를 단순한 기계가 아닌 지능을 가진 디지털 시스템으로 재정의하는 여정이었다.

그리고 지금 우리는 AI Defined Vehicle(AIDV)이라는 새로운 패러다임으로 나아가고 있다. 하드웨어 위에 소프트웨어를 올리는 SDV를 넘어, AI가 차량의 행동과 경험, 품질을 '정의'하는 시대이다. 이 책이 강조하는 '지능화 경쟁', '3층 구조', '상공-저공-지상 통합'의 핵심 논리는 바로 우리가 준비하고 있는 미래와 정확히 일치한다.

더욱 놀라운 것은 저자가 지적하는 "한국 제조업이 지금 반드시 넘어야 할 벽"—소프트웨어와 물리 세계의 간극, 조직 문화의 충돌, 데이터 기반 학습 체계의 부재—이 모든 도전 과제가 42dot이 실제로 부딪히고 해결해 온 문제들이라는 점이다. 특히 공감했던 부분은 "중국에 졌다는 것을 인정하자"라는 대목이다. 냉정한 현실 인식 없이는 반격도 없다. 42dot은 겸손하게 배우되, 우리만의 강점—튼튼한 제조 기반, 글로벌 품질 기준, 축적된 차량 제어 노하우—을 소프트웨어 역량과 융합시켜 차별화된 길을 만들어 가고 있다.

이 책은 단순한 산업 분석서를 넘어, 한국 자동차 산업이 AIDV 시대로 건너가기 위해 반드시 읽어야 할 지도이다. 현장의 땀과 전략적 사고가 함께 담겨 있으며, 자동차 산업의 변화를 '아키텍처'와 '흐름'이라는 두 가지 렌즈로 명쾌하게 분석한다. 현장과 이론, 땀과 논리를 모두 아는 저자만이 쓸 수 있는 통찰이다.

42dot에서 일하는 동료들에게, 그리고 한국 자동차 산업의 미래를 고민하는 모든 분에게 이 책을 강력히 추천한다. "절대 이 위기를 낭비하지 마라." 우리의 진짜 승부는 이제부터다.

_최진희 부대표, (주)포티투닷(42dot)

     스마트카 패권 전쟁

한국뿐 아니라 일본, 중국의 제조업 현장에 현미경을 들이대고 매의 눈으로 분석해 온 저자는 돈으로 살 수 없는 인사이트를 아낌없이 드러낸다. 쉬지 않고 읽고, 만나고, 공부하는 저자는 중국의 역전을 당하고 있는 위기의 한국 제조업에도 희망이 있음을 이야기한다.

_류정 기자, 조선일보 도쿄 특파원

인공지능이 자동차의 새로운 심장이 되다

필자는 기계공학을 전공하고 기아자동차에 입사하며 자동차 산업에 첫발을 내디뎠다. 엔지니어로서 시작한 커리어는, 이후 일본 교토대학 유학을 거쳐 LG전자 생산기술원에서 토요타 생산방식(TPS)의 원류(源流)를 접하며 새로운 전기를 맞았다. 그리고 현대자동차 경영연구소에서 자동차 산업을 분석하는 일을 본격적으로 시작했다. 그곳에서 제품·생산·품질 관련 경영 전략 보고서를 작성하고, 울산과 중국을 오가며 현장 프로젝트를 수행했다. 이 과정을 통해 필자는 '공장'이라는 실물의 세계와 '경영'이라는 전략의 세계를 동시에 경험할 수 있었고, 이는 자동차 산업을 입체적으로 분석하고 바라보는 시야를 열어주었다.

필자가 자동차 산업을 분석하는 틀은 크게 두 가지 기둥으로 이루어져 있다. 하나는 '아키텍처(Architecture)'라는 관점이고, 다른 하나는 '토요타 생산방식(TPS)'이 강조하는 '흐름(Flow)'이란 관점이다. 필자는 이 두 가지 이론적 무기를 바탕으로 기업 내부에서 또, 2021년 퇴사 이후에는 '자동차 산업 독립 연구가'로서 산업을 분석해 왔다. 그리고, 2023년부터는 《월간조선》 등에 기고하며 격변하는 자동차 산업을 기록해 왔다.

지난 3년간 적어 온 글들은 다행히도 시간이 흐른 지금의 상황을 오히려 더 잘 설명하고 있다는 생각이 든다. 이에 필자는 그동안의 기록을 다시 꺼내어 다듬고, 최신 데이터와 정보를 더해 내용을 보강했다. 전례 없는 위기에 직면한 한국 자동차 메이커에 전하고 싶은 제언을 담아 한 권의 책으로 엮었다.

그동안 자동차 산업은 수만 개의 부품이 정교하게 맞물려 돌아가는 거대한 오케스트라와 같았다. 연구소에서 몇 년에 걸친 노력 끝에 하나의 차종을 개발해 설계 도면을 완성하면, 생산기술 본부는 이 도면을 실물로 구현해 낼 설비를 만들어 공장에 배치한다. 그리고 수 많은 근로자들이 이 설비를 움직여 차를 만들어낸다. 비록 이익률은 낮을지 몰라도, 많은 사람의 땀과 노력이 깃은 이 산업이야말로 국가 경제를 지탱하는 가장 든든한 버팀목이다.

그런데 지금, 이 견고했던 자동차 산업이 거대한 지각 변동을 맞이하고 있다. 처음에는 그저 엔진 대신 모터와 배터리를 넣는 '전동화(Electrification)'가 변화의 전부인 줄 알았다. 하지만 그것은 서막에 불과했다. 진짜 변화는 눈에 보이지 않는 곳에서 시작되었다. 소프트웨어가 하드웨어만큼이나 중요해졌고, 스스로 판단하고 움직이는 자동운전 기술이 도입되면서, 인공지능(AI)이 자동차의 새로운 심장이 되고 있다.

이 과정에서 자동차의 개념 자체가 근본적으로 뒤바뀌고 있다. 특히 중국 기업들은 단순한 기술 경쟁을 넘어 '자동차란 도대체 무엇인가'라는 정의(Definition) 자체를 새로 쓰며 판을 흔들고 있다. 경쟁의 축이 "얼마나 잘 달리는가(성능)"에서 "차와 사람이 어떻게 교감하고 차가 우리의 삶에 어떤 가치를 제공하는가(경험)"를 묻는, 그야말로 '사상전(思想戰, War of Philosophies)'으로 돌입하고 있다.

이런 상황에서 한국 자동차 산업은 위기를 맞고 있다. 자동차 산업에서 소프트웨어의 중요성은 날로 커지고 있지만, 정작 이 분야에서 한국의 경쟁력은 답보 상태다. 그 근저에는 '소프트웨어에 대한 잘못된 인식'이 깔려 있다. 한국 사회는 눈에 보이지 않는 '지적 가치'에 대해서는 좀처럼 지갑을 열지 않는다. 소프트웨어 개발 업무는 단순 용역으로 해결하면 된다고 생각하기에 회사 내부에서 직접 개발하기보다는 외부 하청 업체에 맡기는 '외주화'가 관행처럼 굳어졌다.

일본 정보처리추진기구(IPA)가 발행한 《DX 백서 2023》에 따르면, 미국의 경우(2021년 기준), 전체 IT 인력의 64.9%가 자동차, 금융 등 일반 기업(User Company) 내부에서 일하며 나머지 35.1%는 IT 전문 기업에서 일하고 있다. 즉, 일반 기업이 소프트웨어 역량을 내재화하고 있다는 의미이다. 반면 일본의 경우 IT 인력의 고작 26.4% 정도가 일반 기업에 일하고 나머지 73.6%는 IT 기업에서 일하고 있다.

한국의 정확한 데이터는 알 수 없지만, 아마도 일본의 상황과 크게 다르지 않을 것이다. 즉, 한국과 일본은 소프트웨어를 우리 몸의 '심장'이 아닌, 돈만 주면 구매할 수 있는 부수적인 것으로 받아들이고 있다는 의미이다. 이런 상황에서 다가올 스마트카 전쟁(Smart Car War)에서 결코 주도권을 쥘 수 없다.

더 나아가 인공지능(AI)이 자동차에 도입된다는 것은, 단순히 소프트웨어의 비중이 늘어나는 것과는 차원이 다른 충격이다. 자동차 산업의 뿌리인 기계공학은 명확한 인과관계(Causality)를 신봉한다. 입력이 있으면 출력이 있고, 원인이 있으면 결과가 명확해야 하는 확실성의 세계다. 하지만 인공지능의 접근법은 이와 전혀 다르다. 수많은 데이터를 통해 확률적인 최적해를 찾아가는 과정은, 낯설고 비논리적으로까지 보인다. 필자 역시 최근 한양대 인공지능융합대학원(야간) 석사 과정을 밟으며 이 근본적인 차이를 뼈저리게 실감했다. 기계공학을 깊이 공부한 사람일수록, 인공지능의 접근 방식을 받아들이기가 쉽지 않다. 하지만 이제는 그 '다름'을 인정하고 받아들여야만 한다.

최근 몇 년간 우후죽순처럼 생겨났던 수많은 자동운전 회사가 문을 닫거나 사업을 축소했다. 그들이 실패한 근본적인 원인은 기술의 변화를 읽는 '방향'에 있었다. 차량이란 기계공학적, 물리적 기반 위에, '데이터 기반의 인공지능(AI)'이라는 새로운 접근법이 필수적으로 접목되어야 한다. 테슬라와 중국 기업들은 이 흐름을 간파하고 체질을 바꿨다. 한국 기업 중에서는 현대차그룹의 소프트웨어 센터인 '포티투닷(42dot)'이 이 방향으로 일을 진행하고 있었기에 여간 다행이 아니다.

필자는 그동안 한국 제조업의 발전을 위해 꼭 필요하다고 생각되는 몇 권의 양서(良書)를 번역해 소개했다. 《모노즈쿠리》, 《도요타 제품 개발의 비밀》, 《실천! 모듈러 설계》, 《반도체 초진화론》 등이 그것이다. 바쁜 일정을 쪼개어 이 책들을 번역했던 이유는 단 하나였다. 제조업의 안목을 넓히는 읽을거리를 한국의 엔지니어에게 제공하고 싶었기 때문이다. 그랬던 내가 내 생각을 담아 책으로 내놓게 되었다.

비록 몸은 회사를 떠나 대학에서 한 과목을 맡아 강의하면서 여전히 일본과 중국을 오가며 자동차 산업을 직접 조사하고 전문가와 토론하고, 또 현장을 나니면서 시야를 넓혔다. 그리고 새로운 기술 변화에 따라가기 위해 나름의 학습을 진행해 왔다. 책상 위 이론과 땀 냄새 나는 현장 모두가 나의 선생이었다. 그런 필자의 감각을 살려 이 글을 적어 내려갔다.

이 책이 세상에 나오기까지 많은 분의 도움이 있었다. 특히

《월간조선》의 배진영 편집장께 감사드린다. 그가 내게 월간지 기고를 의뢰하지 않았다면, 이 책의 첫 씨앗은 뿌려지지 못했을 것이다. 필자의 글을 책으로 출판해 주신 시크릿하우스의 전준석 대표님께도 깊이 감사드린다. 이 두 분 덕분에 나의 첫 책이 출판되었다.

아내와 두 아이에게 감사한다. 집에서는 언제나 키보드를 붙잡고 앉아 있는 재미 없는 모습밖에 보여 주지 않은 것 같다. 알츠하이머로 고생하는 노모와, 노모를 집에서 돌봐 주는 두 누님에게 큰 감사와 함께 미안함을 감출 수 없다.

와세다대학의 후지모토 다카히로(藤本隆宏) 교수님과 전(前) 동토요타 회장 우치가와 스스무(內川晋) 님, 고인이 되신 곤도 데츠오(近藤哲夫) 님에게 진심 어린 존경과 감사를 표한다. 아키텍처라는 관점, 현장의 지혜를 보는 시각을 열어주셨다. 이분들 덕분에 제조업을 보는 내 나름의 관점이 생겼다.

또한 KAIST 기술경영대학원 김갑수 교수님, 한양대 경영학과 이웅희 교수님, 박병진 교수님, 서울대 전기정보공학부 홍성수 교수님, 국민대 전자공학부 정구민 교수님, 한양대 미래자동차공학과 조기춘 교수님, 현대차 전략기획실 정현진 상무님, 캡

스톤컴퍼니 박종식 대표님, NGV코리아 구자겸 회장님, 인지컨트롤스 정혜승 부회장님, DY덕양 윤성희 부회장님에게도 많은 도움을 받았다. 이 책을 통해 다시 한번 감사 인사드린다.

모쪼록 이 책이 격변의 파도 앞에서 고군분투하는 한국 제조업 종사자들에게 작은 나침반이 되기를 바란다.

2025년 12월

박정규

THE
SMART CAR
WAR

1장

혼돈의 시대,
테슬라 vs. 토요타 전쟁

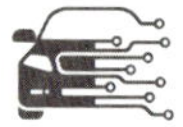

'게임의 규칙'이 바뀌다

지난 20여 년 사이 자동차 산업은 숨 가쁜 변화를 겪었다. 대표적인 사건을 보면, 2009년 제너럴 모터스가 파산했고, 이듬해 토요타 자동차(이하 토요타)는 약 1,000만 대의 차량을 리콜했다. 2015년 폭스바겐은 미국 배기가스 법규 통과를 위해 소프트웨어를 조작했다가 5조 원의 벌금을 미국 정부에 납부했다. 연간 1,000만 대 생산 능력을 갖춘 자동차 빅3가 저마다의 문제점을 노출하며 위기에 빠졌다.

그러는 사이 미국 실리콘밸리에서 탄생한 '테슬라'라는 기업이 기존 자동차 메이커들이 만들어놓은 철옹성 같은 진입장벽의 일각을 허물고 들어왔다. 그리고 무너진 옹벽 사이로 BYD, 샤오미, 소니과 같은 회사가 자동차 산업에 진입했다. 한편, 손톱만 한 크기의 반도체가 없어 자동차 공장이 멈춰 서며 공급망 위기가 지속되었다. 도대체 지금 자동차 산업에서는 무슨

〈자료 1-1〉 자동차 산업의 메가 트렌드

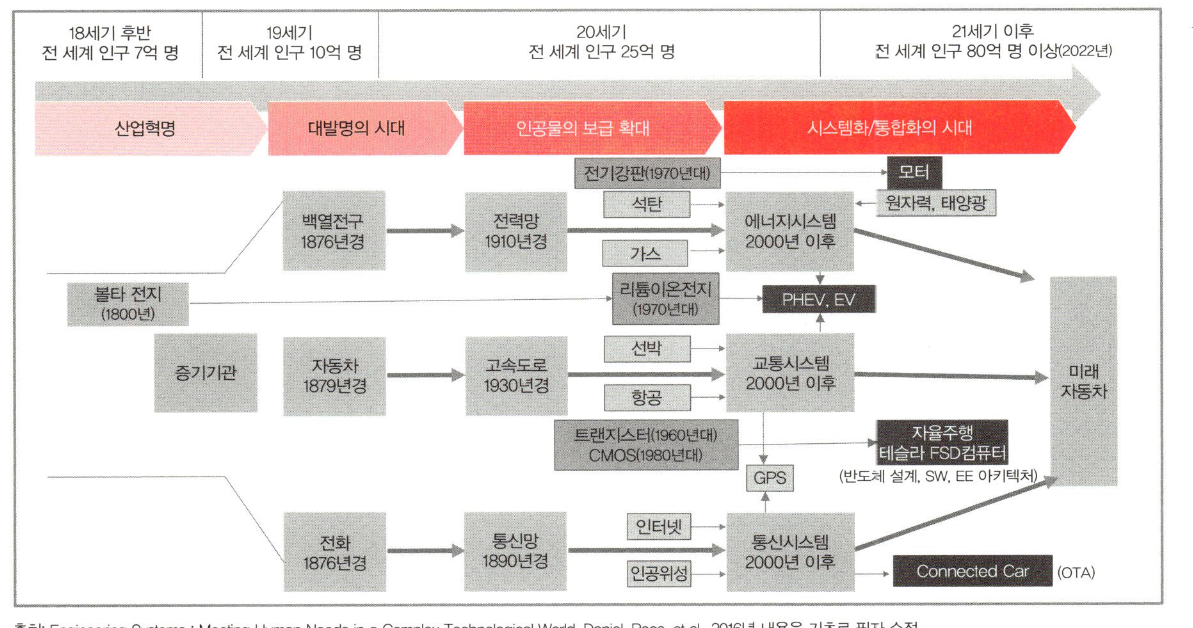

출처: Engineering Systems : Meeting Human Needs in a Complex Technological World, Daniel, Roos, et al., 2016년 내용을 기초로 필자 수정

일이 일어나고 있는 것일까? 차량의 전동화, 스마트화로 한 치 앞을 내다보기 힘든 산업 대전환기에 한국 기업은 어떻게 대응해야 할까?

이 질문에 답하기 위해 제1장에서는 먼저 역사적 흐름 속에서 자동차 산업의 변화를 본 이후에 기존 자동차 산업의 왕좌를 지키고 있는 토요타와, 파괴적인 혁신을 앞세운 테슬라와 비교 분석하겠다.

먼저 역사적 관점에서 산업 근간의 본질적인 변화를 살펴보자. 현대인의 삶에 가장 큰 변화를 야기한 3대 발명품은 무엇일까? 바로 19세기에 만들어진 '자동차, 전구, 전화'다. 이후 19세기 말부터 20세기 초반 이것들을 사용할 수 있는 '도로망, 전력망, 통신망'이 구축되면서 보급이 확대됐다. 여기서 '망'이라는 네트워크, 즉 '연결'을 의미한다. 초기 단계에선 도로망, 통신망, 전력망이 각각 독립적으로 기능하다가, 이 망들도 점차 연결되기 시작했다. 가령 전기를 만들기 위해 발전소가 건설되었고, 발전을 위해 석탄을 공급하는 도로망이 만들어졌다. 자동차의 대중화로 광부가 차를 구매하고, 차에 설치된 라디오를 들으며 출·퇴근을 했다.

그리고 교통망에 다른 이동 수단, 즉 선박, 항공 등이 더해지면서 교통 시스템으로 진화, 발전했다. 에너지, 통신 또한 시스템화되었다. 지금 자동차는 전기차, 자율주행차, 커넥티드 차량으로 진화, 발전하면서 이제 '통신, 에너지 시스템'이 통합되고 있다. 즉 이제 자동차는 시스템(전기, 통신, 교통)의 시스템, 즉 메타 시스템이며, 현대 문명의 총화이다. 그래서 IT 전자 회사, 통신회사가 모두 자동차 산업과 관련되기 시작했다. 마치 자동차 산업이 모든 산업을 삼켜버릴 듯한 기세다. 앞으로 진행될 자동차 산업의 본질은 이동이라는 자동차의 본질적 기능에 더해 에너지 시스템, 통신 시스템을 어떻게 담아낼 것인가가 관건이 되고 있다.

이런 변화를 가속 시킨 사람은 바로 일론 머스크라는 괴물이다. 그는 자동차 산업의 게임 규칙을 바꾸어 버렸다.

차원이 다른 경쟁

지금 자동차 산업의 경쟁 구도는 다음과 같은 점에서 과거와 크게 다르다.

첫째, 전통의 자동차 기업과 신생 기업과의 경쟁이다. 과거에는 자동차 업계에서의 1위와 2위와의 경쟁이 주목받았다. 1950년대에는 포드와 GM, 이후 GM과 토요타, 그리고 토요타와 폭스바겐과의 경쟁 구도로 바뀌었을 뿐이다. 현대차가 경쟁에 뛰어들어 기존 업계를 긴장시키는 경쟁 구도도 있었다. 하지만 지금의 경쟁은 겨우 200만 대의 차량을 만드는 회사(테슬라)가 연이어 신기술을 선보이며 1,000만 대를 만드는 회사(토요타)에 도전장을 내미는 구도다.

둘째, 차원이 다른 경쟁이다. 과거에는 자동차 산업 내에서의 경쟁이었다. 하지만 지금은 자동차와 IT 기업 간의 경쟁 구도 양상이다. 테슬라의 CEO인 일론 머스크 본인이 실리콘밸리에서 페이팔이라는 전자 결제 시스템을 만든 주인공이며, 페이팔을 매각한 금액으로 테슬라에 투자하면서 CEO가 되었다. 그래서인지 테슬라의 경영층은 다채롭다. 차량 개발 담당은 혼다, 디자인 담당은 마쓰다 출신이지만, 글로벌 서플라이 체인은 애플 출신, CIO는 HP 출신이다.

셋째, 신규 진입자는 기존 질서를 파괴하고 싶어 한다. 테슬라는 배터리와 모터를 이용해, 기존의 석유와 엔진이라는 자동차 산업의 질서를 파괴하고 있다. 기존 메이커가 여러 개의 철판을 정성껏 용접하여 차체를 만들었다면 테슬라는 한 방에 차를 찍어낼 방법을 강구한다. 테슬라는 강력한 소프트웨어 기술을 바탕으로 하드웨어 중심의 기존 자동차 메이커를 위협한다.

여기에 국가 간에 자국 기업을 보호하기 위해 각종 간섭이

  스마트카 패권 전쟁

더해지면서, 상황이 복잡다단해졌기에 앞으로 자동차 산업의 향배를 예측하기 무척 힘들어졌다.

테슬라 vs. 토요타

자동차 산업의 경쟁 양상이 바뀌면서 자동차 산업을 평론하는 사람들 간에도 극심한 대립 구도가 형성되었다. 미래 차의 모습에 대해서 EV만이 유일무이한 존재라고 생각하는 파가 있다. 간단히 '오직 EV파'라고 표현하겠다. 언론 방송인, 증권사 애널리스트 중에 많으며, 상당히 적극적으로 의견을 개진한다. 이들은 대체로 테슬라를 열렬히 옹호한다. 불과 몇 년 전만 해도, '오직 EV'파의 기세는 더 높았다. 하지만 최근 들어 한국, 미국, 일본에서는 오히려 하이브리드(HEV)와 플러그인 하이브리드(PHEV)의 판매가 증가하고 있다.

반면 EV도 좋지만, HEV(하이브리드), FCV(수소연료차), PHEV(플러그인 하이브리드차), ICE(기존 내연기관)도 만들어서 고객에게 제공해야 한다고 주장하는 파가 있다. EV도 포함된 다양한 동력원 간의 경쟁이 소비자에게도 지구에도 이롭다고 주장하는 파이다. EV도 포함된다는 의미에서 간단히 'EV 포함파'라고 표현하겠다. 토요타가 대표 주자다.

'EV 포함파'는 주로 자동차 업계에 종사한 경력이 있는 사람과 일본 학자가 많다. 와세다대 후지모토 다카히로 교수가 대표적이다. 그는 2022년 2월 발표한 〈지구 온난화에 대한 자동차 산업의 총력전에 대해서〉라는 논문에서 '오직 EV'론은 오판이라고 주장한다. 많은 기존 메이커가 정확하게 어디로 갈지 공언하는 것을 주저하고 있는 사이에 토요타는 EV도 좋지만, EV는 다양한 동력원의 옵션에 불과하다는 말을 전면에 내세운다. 그래서 '오직 EV파'의 비난을 한 몸에 받고 있다.

흥미롭게도 2025년 백악관에 다시 복귀한 트럼프 대통령도 전형적인 'EV 포함파'이다. "나는 전기차에 전적으로 찬성한다. 하지만 전기차로만 전환한다는 건 매우 어리석은 생각이다"라며 트럼프 대통령은 일관되게 이야기해 왔다.

테슬라와 토요타는 이렇게 상반되는 주장의 대표 주자로 〈자료 1-2〉에서 나타낸 것처럼 일론 머스크와 토요다 아키오라는 리더의 카리스마, 자동차에 대한 설계 사상 등이 판이하게 다르다.

	테슬라	토요타
CEO	**창업자, 세기의 미친 천재** • 경제학/물리학(학부) → (경력) IT • 과감한(무모한) 수준의 목표 제시	**오너가, 노력하는 모범생** • (학력)법대/MBA → (경력)업무개선 • 수치 목표보다는 프로세스 개선
기업 조직	• IT 실리콘 밸리 문화(CEO의 빠른 의사 결정) • 자유로운 해고 • 시장을 리딩하는 스타일(화성으로 이주하는 것이 꿈)	• 사내 컴퍼니 제도 운영하여 CEO 권력 분산 • 종신고용 • 시장의 변화에 대응하는 것이 중요
제품 설계 사상	• 생산 모델의 단순화(과거 헨리 포드 시대의 T카) → 차량용 전기전자 시스템의 풀모델 체인지 • SW업데이트 실시 • 자율주행용 반도체 직접 설계(FSD 컴퓨터)	• 많은 모델 → TNGA (모듈러 설계로 설계 복잡성 해소) • 전기전자 아키텍처에서 테슬라 방식 벤치마킹 (단, 소형차 및 운동 성능 위해 모든 차를 테슬라 같이 하지 않겠다는 입장) • 변화에 철저하게 준비: 차량용 OS개발+배터리(산요 인력)+반도체(르네사스 지분 참여)+스마트시티
생산방식	• 기가 팩토리(큰 공장 선호) • 자동화를 추구 • 인터넷을 통한 차량 직판	• 토요타 생산방식 • SSC(Simple, Slim, Compact) 공장(작은 공장 선호) • 작업자의 지속적 개선 딜러 운영

세기의 미친 천재, 일론 머스크

일론 머스크는 테슬라와 동의어처럼 사용되고 있다. 그는 어려서부터 SF소설과 SF영화에 심취한 괴짜 천재다. 실제로 인류를 화성으로 이주시켜야 한다는 담대한 꿈을 가지고 있다.

도대체 그는 어떤 생각을 하고 있을까? 2010년 미국 시사주간지 〈디 애틀랜틱(The Atlantic)〉은 일론 머스크와의 인터뷰에서 "전기차, 우주 개발, 태양열 사업을 동시에 시작하게 된 계기는 무엇인가?"라고 질문했다. 이에 그는 "대학 시절부터 일관되게 ①인터넷, ②지속가능 에너지, ③우주 개발이 인류의 영속적인 번영을 만들어낼 것으로 생각해 왔다"라고 답했다. 이 3가지 키워드는 일론 머스크를 이해하는 데 중요하다.

실제 그가 벌인 사업을 살펴보자. 태양열을 전기에너지로 만드는 솔라시티, 배기가스 없이 달리는 전기차 메이커 테슬라, 서울에서 부산까지 20분 만에 갈 정도의 속도를 내는 초고속 진공 열차 하이퍼루프(현재는 중단), 재사용 가능한 로켓과 저궤도 인공 위성망인 스타링크를 만든 스페이스X, 그리고 X가 있다.

그가 벌인 사업이 중구난방처럼 보이지만 인류 번영을 위한 '3가지 키워드'라는 입장으로 보면 나름 일맥상통한다. 그가 벌여온 사업을 토대로 그의 머리가 상상하는 인류의 모습을 그려보면 〈자료 1-3〉처럼 표현되지 않을까?

일반인은 상상하기 힘든 우주적 스케일이다. 최근 일론 머스크가 스마트폰을 만들 것이라는 추측 또한 인터넷상에 난무한다. 스마트폰은 이 그림에서 화룡점정처럼 보인다. 놀라운 점은 그는 앞에서 열거한 기업을 통해 꿈을 실제 현실로 만들어내고 있다.

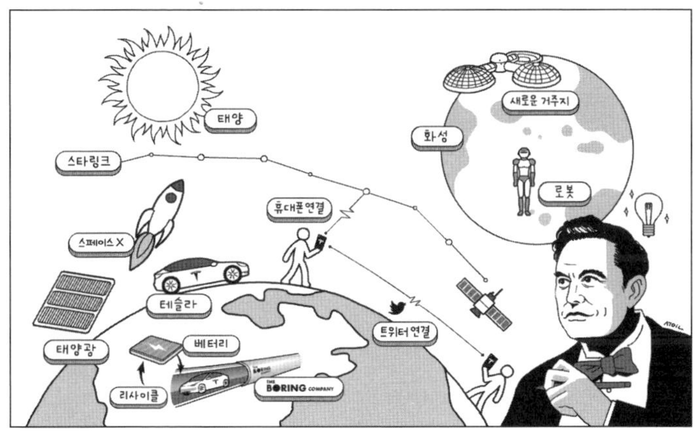

2022년 8월 〈닛케이 비즈니스〉에 나온 이케마스의 기사를 기초로 필자가 재구성
그림: 윤서인

그는 또한 자기 일에 삶을 올인 한 일 중독자다. 그는 "일주일에 40시간 일해서는 세상을 바꿀 수 없다. 세상을 바꾸기 위해선 주당 100시간 이상 일해야 한다"라고 말했다. 2018년 모델3의 생산이 각종 공정상 문제로 차질을 빚었던 '생산 지옥'에 빠졌을 때는 주 120시간을 일하고 잠은 수면제에 의존해 공장에서 잘 정도였다. 일에 몰입하는 열정 덕분에 지금의 테슬라가 존재할 수 있었다.

오너가의 모범생 토요다 아키오

1956년생인 토요다 아키오의 경영 스타일은 일론 머스크와는 전혀 다르다. 일론 머스크는 이혼한 부모 밑에서 자랐고, 학교에서는 놀림감의 대상이 되기도 했다. 이에 반해 아키오는 토요타 창업주 토요다 기이치로(1894~1952년)의 손자다. 대학에서 경제, 물리학, 엔지니어링을 공부한 일론 머스크와 달리, 아키오는 게이오대학에서 법학, 미국 뱁슨칼리지에서 MBA를 수료했다.

일론 머스크는 미국에서 창업으로 떼돈을 벌어 테슬라를 인수해 CEO의 지위에서 자동차 사업을 시작했지만, 아키오는 1984년 토요타에 입사하여 공장에서 생산 관리 업무를 했고, 뒤이어 영업 부문에서 '업무 개선' 활동을 하는 등 바닥부터 차근차근 일을 배워 나갔다. 이후 'GAZOO'라는 자동차 정보 제공 사이트를 회사의 반대에도 불구하고 성공시키면서, 이를 발판으로 임원에 올랐으며, 2005년 부사장을 거쳐 2009년 6월, 창업주 가문 출신으로 14년 만에 회사 대표를 맡았다. 그야말로 오너家의 모범생으로, 자신의 역량을 입증하여 회사의 중책에 발탁됐다.

두 리더의 공통점은 경영 과정에서 큰 위기를 겪었다는 점이다. 일론 머스크의 경우, 2002년에 창업한 스페이스X의 로켓 발사가 2006년부터 3번 연속 실패하여 부도 위기까지 몰렸다가 4번째의 발사 성공으로 겨우 도산 위기를 극복한다.

아키오도 2009년 취임 직후부터 여러 위기에 직면했다. 2009년은 전 세계 금융위기로 자동차 판매가 급감하던 시기였다. 그해 토요타는 71년 만에 영업 적자를 냈다. 2009~2010년에는 설상가상으로 대규모 토요타 리콜 사태가 터지면서 아키오 사장은 많은 사람들 앞에서 눈물의 사과를 해야 했다. 2011년은 특히 더 혹독했다. 2011년 3월 동일본 대지진으로 공장 가동이 장기간 멈췄고, 같은 해 10월에는 태국 홍수 사태로 부품업체 수백 곳이 물에 잠기면서 또 공장 가동을 멈춰야 했다. 2008년 처음 전 세계 판매량 1위에 올라 승승장구하던 토요타는 2011년 판매량이 GM·폭스바겐에 이은 3위로 떨어졌다. 이에 '비운의 아키오'라는 별명까지 붙었다.

하지만 그는 최악의 위기를 빠르게 극복했다. 이듬해인 2013년, 토요타는 다시 글로벌 판매 1위를 회복했다. 아키오 사장은 위기 당시 현장에 권한을 크게 일임했고, 재난에 대비할 수 있는 비상 공급망 운영 체제를 정비했다. 덕분에 2016년 구마모토 지진으로 16개 공장 중 15곳 가동이 중단됐을 당시 2주 만에 전 공장을 재가동시킬 수 있었다.

특히 아키오 사장은 위기 당시 임직원들에게 어려운 말을 하지 않았다. 단지 '더 좋은 차를 만들자'라는 토요타의 핵심 정신, 즉 '개선' 철학을 강조했다. 일론 머스크가 대담하게 미래를, 그리고 그 변화를 한발 앞서 선도하는 리더라면, 토요타의 아키오 사장은 변화에 대응하는 걸 우선하는 리더다. 토요타는 지난 2021년 통합보고서에서 "미래를 예측하는 것보다 변화에 대응할 수 있는 것이 중요하다"라고 적시했다. 이것은 토요타의 철학이고 아키오는 이런 토요타 철학의 충실한 계승자다.

'사이버 세계'에서 '관성의 세계'로

테슬라가 탄생한 실리콘밸리는 그 이름에서 알 수 있듯이 반도체 산업의 본거지이다. 반도체는 질량이 9.1×10^{-31}kg에 불과한 전자의 움직임을 이용, 대규모의 정보를 저장하고 처리한다. 급속한 반도체의 기술 발전에 힘입어 실리콘밸리의 구글, 메타, 애플과 같은 기업은 인터넷, 소셜미디어, 스마트폰의 운영체제 OS와 같은 분야에서 독점적 지위를 누린다. 정보를 저장하는 서버를 클라우드라고 부른다. 무시할 정도로 가벼운 전자가 상공에 떠 있다는 측면에서 만들어진 용어라고 이해할 수 있다.

이에 반해 자동차는 1톤, 2톤의 질량을 정지 상태에서 5~10초 만에 시속 100km/h로 가속하는 관성의 법칙이 지배하는 제품이다. 중력, 관성이 지배하는 물리 세계에서의 기술적 진보는 전자 산업과 달리 빠르지 않다. 일본의 제조업을 보통 '모노 즈쿠리'라고 표현하는데, 여기서 모노란 물건, 즉 실물을 뜻하며, 결국 질량을 가진다. 이 영역에서의 강자는 역시 토요타이다. 가장 효율적으로 실물을 만든 방법이 바로 토요타 생산 방식이다.

최근 성능 좋고 값싼 센서들이 많이 만들어지면서 지상에 있는 물건(자동차, 공장의 기계 등)에 센서를 붙여서 여러 가지 정보를 취득하기 쉬워졌다. 4차 산업은 각종 센서에서 취득한 정보를 상공에 있는 클라우드에 올려보내, 컴퓨터로 계산해서 지상에 있는 실물을 효율적으로 제어하겠다는 발상에서 나온 말이다. 실물에 센서를 붙여 정보를 취득하는 기술을 IoT(Internet of Things)라고 한다. 사실 IoT는 실물로부터 유용한 정보를 끌어낸다는 의미이기에 IfT(Information from Things)라고 부르는 것이 더 적합하다.

보통의 기업은 하나의 영역, 즉 질량이 없는 사이버 세상 또는 질량이 있는 실물의 세상 중 하나에 강한 장점을 갖고 있다. 하지만 일론 머스크는 정말 독특하게도 사이버 세계인 페이팔

(전자결제 시스템)에서 성공하자, 관성(질량)의 세계에 도전해 테슬라와 스페이스X라는 사업을 성공시켰다.

테슬라의 자동차 설계 사상

자동차에 대한 테슬라의 접근법은 기존 메이커들과 근본적으로 다르다. 전통적인 자동차 회사들은 5~6년 주기로 풀 모델 체인지(Full Model Change)를 단행한다. 차량의 크기와 디자인을 대폭 변경해 소비자의 구매 욕구를 자극하는 전략이다.

반면, 테슬라는 차의 외관은 크게 바뀌지 않지만, 2~3년에 한 번씩 전기전자 아키텍처(E/E Architecture)를 풀 모델 체인지한다. 여기서 전기전자 아키텍처란 차량에 사용하는 반도체와 각종 전자 부품을 연결하는 구조를 의미한다.

기존 자동차는 부품을 제어하기 위해 부품마다 반도체가 들어갔다. 그런데 테슬라는 강력한 중앙 컴퓨터가 차량 전체를 통합 제어하는 방식이다.

테슬라의 전기전자 아키텍처 진화 과정을 살펴보면 다음과 같다, 여기서 'HW(Hardware)' 라는 용어를 사용하여 세대를 구분한다.

- 2014년 9월: 1세대 아키텍처 도입(HW1)

- 2016년 10월: 2세대로 업그레이드(HW2)

- 2017년 8월: 2.5세대 출시

- 2019년: 완전한 중앙집중형 3세대 구현(HW3)

특히 3세대부터는 자율주행용 SoC(System on Chip)를 자체 설계하기 시작했는데, HW3는 삼성전자 14nm 공정으로 생산되어 144 TOPS(72 TOPS 2개)의 연산 성능을 달성했다. 여기서 TOPS(Tera Operations Per Second)란 초당 1조 번의 연산을 수행할 수 있는 능력을 의미하는 지표로, AI 연산 성능을 나타내는 대표적인 단위다. 예컨대 144 TOPS는 초당 144조 번의 연산을 처리할 수 있다는 의미이며, 이는 차량 내 자율주행 알고리즘과 영상 인식 등 대량의 데이터를 실시간으로 처리하는 데 필수적이다.

2023년 출시된 HW4(AI4로도 표기)는 720 TOPS의 성능이다.(360 TOPS의 SoC가 2개 존재). 이후 테슬라는 자사의 SoC와 전기전자 아키텍처를 표현할 때 HW라는 표현 대신 AI라고 표현하기 시작했다. 2026년 예정인 5세대 AI5는 TSMC에서 3nm 공정으로 만든다. 연산 속도는 기존의 100배 이상을 목표로 하고 있지만 관계 전문가들은 2,000~2,500 TOPS 정도가 될 것

테슬라의 SoC(AI 반도체)			
이름	AI4(HW4.0)	AI5	AI6
세대	시행 중	차세대	차차세대
양산 개시 시기	2023년	2027년 초	2027년 이후
연산 성능	720 TOPS (360 TOPS가 2개 장착)	2,000~2,500 TOPS	알 수 없음
프로세스 노드	5nm	3nm	2nm
파운드리	삼성전자	TSMC	삼성전자
생산지	알 수 없음	대만 · 미국 애리조나	미국 텍사스
사용	모델 Y등 현행 시판 EV	택시 전용 자동차에 장착 가능성	로보택시, 인형 로봇, AI 학습용

출처: https://xtech.nikkei.com/atcl/nxt/column/18/00001/10955/ 내용을 필자가 일부 수정

으로 보고 있다. 현재 반도체에서 3nm 프로세스는 거의 TSMC가 독점하고 있는 상태로 애플, 퀄컴 등의 IT 회사도 의존하고 있다.

그런데 테슬라는 2026년 7월 차세대 AI6 개발을 위해 삼성전자와 165억 달러 규모의 계약을 체결했다. 이 칩은 삼성전자가 미국 텍사스에 건설할 전용 공장에서 2nm 공정으로 생산될 예정이다. 대부분 기업이 TSMC에 의존하기 때문에 하면서 가격이 상승하고 있는 가운데, TSMC 외의 경쟁사를 육성하려는 수요가 존재한다. 어쩌면 일론 머스크가 직접 삼성전자 공장에 들어가 수율 향상 작업을 진두지휘할지도 모른다. 테슬라가 차

량을 진화시키는 방식은 기존 자동차 메이커들과 근본적으로 다르다. 보다 자세한 내용은 7장 '소프트웨어가 삼켜버린 자동차, SDV'에서 다루기로 하겠다.

토요타의 화혼양재

'화혼양재'는 전통 정신을 바탕으로 서구 문물을 수용하겠다는 의미로 일본 근대화의 요체다. 지금 토요타의 미래 차에 대한 대응 방식도 비슷하다. 세계 1위의 자동차 메이커답게 나름의 철학을 유지하면서 테슬라를 배워 경쟁을 해나가겠다는 방식이다.

토요타는 실물 세계의 경쟁력을 바탕으로 사이버 세상으로까지 변혁을 시도한다. 실물 세계의 핵심은 공장에서 차량을 생산하는 것으로 토요타는 이미 자동차 생산 방식의 전형인 토요타 생산 방식 TPS를 만들어냈다. TPS(Toyota Production System)는 시장에 유연하게 대응하는 생산 방식이다. TPS 철학에 따르면 미리 많이 만들어 놓았다가 팔리지 않아 쪽박을 차는 것도 나쁘지만, 우연히 예측이 잘 맞아 대박이 나는 것도 마냥 반가워하지 않는다. 토요타는 시장의 변화에 대응할 수 있도록 지속적인 개선을 해야 한다고 믿는다. 그리고 토요타(Toyota)의 T를 토털(Total)의 T로 간주하고 구성원 모두가 개선 작업에 참가하도록 하는 문화를 만들고자 한다. 한 명의 뛰어난 천재가 이끄는 조직도 위대하지만, 구성원 모두가 합리성을 위해 정진하는 조직을 만드는 건도 쉽지 않다. 테슬라는 전자, 토요타는 후자에 가깝다.

테슬라가 거대한 공장을 추구한다면서 기가팩토리를 만들었다면, 토요타는 콤팩트한 공장을 추구한다. 심플(Simple), 슬림(Slim), 콤팩트(Compact)가 토요타 공장이 추구하는 핵심 키워드이다. 투자비와 운영비를 가능한 한 줄여, 차를 적게 만들더라도 이익이 날 수 있도록 공장을 설계한다. 토요타 그룹의 경차 전문 자회사인 다이하쓰는 '유행하는 인공지능 기술을 사용하지 않고, 현장에서 꾸준한 개선의 축적으로 이룬 성과'라고 자랑했다. 근로자의 두뇌를 컴퓨터보다 더 소중히 생각한다. 테슬라가 AI와 자동화로 인간을 대체하려 한다면, 토요타는 인간의 지혜와 AI를 조화시키는 길을 모색한다. 이것이 바로 일본식 '화혼양재'의 현대적 해석이다.

토요타의 미래 자동차 전략

토요타는 미래 차에 대한 준비도 만만치 않다. 1996년에 파나소닉과 함께 PEVE(Primearth EV Energy, 토요타 지분 80.5%)를 만들어 하이브리드 차량에 장착할 배터리를 자체 제작하기 시작했다. 또한 2020년에 다시 파나소닉과 PPES(Prime Planet Energy & Solution, 토요타 지분 51%)라는 배터리 회사를 만들었다. PPES가 출범할 당시 총 5,100명으로 출발하였는데, 토요타 출신 600명, 파나소닉 출신 4,500명이었다. 파나소닉에서 PPES로 넘어온 엔지니어는 리튬이온 전지로 유명한 산요 출신들이었다. 과거 리튬이온 전지의 명가인 산요를 파나소닉에 인수했는데, 그 인력이 토요타의 계열사에서 배터리를 개발하는 작업을 하고 있다.

2024년 3월, 토요타는 파나소닉이 보유하고 있던 PEVE의 지분 19.5%를 인수하여 PEVE를 100% 자회사로 만들었다. 그리고 2024년 10월 1일부로 PEVE라는 이름을 '토요타 배터리(Toyota Battery Co. Ltd.)'로 변경했다. 토요타의 하이브리드 배터리는 이미 독자적인 역량을 갖추고 자체적으로 생산하고 있고, 2025년 4월부터 미국 노스캐롤라이나 배터리 공장에서 HEV, PHEV, BEV용 배터리의 만들기 시작했다.

한편, 미래 차에 없어서는 안 될 반도체 분야에서도 토요타는 나름의 실력이 있다. 1989년부터 토요타는 자체적으로 하이브리드 차량에 들어가는 전력 반도체를 생산하면서 반도체 공정의 노하우를 학습했다. 이런 능력이 있었기에 2011년 동일본 대지진으로 일본의 차량용 반도체 메이커인 르네사스 공장이 파괴되었을 때, 토요타의 주도하에 공장 재건을 이루어 냈다.

차량용 반도체 3위 메이커인 르네사스의 현재 주주 구성을 보면, 2025년 기준으로 주요 주주로는 금융기관과 해외 투자자들이 차지하고 있으며, 토요타와 덴소도 여전히 중요한 전략적 파트너로서 긴밀한 협력 관계를 유지하고 있다.

토요타는 적어도 배터리와 반도체 분야에서 나름의 포석을 이미 해 놓았다. 언론은 토요타가 전기차 전환에 늦었다고 비판하지만, 정작 배터리를 직접 개발하고 생산할 수 있는 자동차 메이커는 전 세계에서 테슬라, BYD, 그리고 토요타 정도다. 1996년부터 29년간 묵묵히 배터리 기술을 축적해 온 토요타는 이미 전기차 시대의 핵심 경쟁력을 손에 쥐고 있었던 셈이다.

 스마트카 패권 전쟁

차량용 OS '아린' 개발

남은 것은 테슬라가 자랑하는 소프트웨어 분야였다. 즉 '차량용 OS'를 어떻게 따라잡을 것인가가 토요타의 과제였다. 토요타는 "모르면 선생님을 모셔 와 배우면 된다"라는 태도로 접근했다. 스탠퍼드대학교 교수이자 구글 자율주행팀을 이끌었던 제임스 커프너를 토요타 자회사 우븐 플래닛(Woven Planet)의 CEO로 영입한 것도 그 일환이었다. 도쿄 니혼바시에 연구소를 세워 소프트웨어 인재를 끌어모으고, 사내에 실리콘밸리식 '스크럼(Scrum)' 개발 방식을 확산시킨 것도 같은 맥락이었다.

그러나 기대와 달리 차량용 OS '아린(Arene)' 개발은 지연되었다. 2023년 9월, 커프너는 Woven by Toyota CEO 자리에서 해임되었고, 후임으로 덴소 출신의 하지메 구마베가 선임되었다. 동시에 조직명도 'Woven Planet'에서 'Woven by Toyota'로 바뀌어, 스타드업식 독립 노선에서 벗어나 본사와의 연계를 강화하는 방향으로 선회했다.

토요타는 여전히 아린 개발을 이어가고 있으며, 차세대 RAV4에 일부 기능을 탑재할 계획이라고 밝혔다. 하지만 최근 발표 자료를 살펴보면 '아린 OS'라는 표현에서 OS라는 단어가 사라지고, 대신 '소프트웨어 개발 플랫폼 아린'이라고 설명하고 있다. 이는 아린이 전통적 의미의 OS라기보다는, 여러 소프트웨어 모듈을 연결하고 보조하는 미들웨어로 개념을 개발 방향을 변경한 것으로 보인다.(자세한 내용은 7장 '소프트웨어가 삼켜버린 자동차, SDV'에서 설명한다.)

재미있는 것은 아키오 사장의 아들인 토요다 다이스케가 이곳에서 일하고 있다는 점이다. 다이스케 또한 아버지 아키오와 동일하게 게이오대 법대와 뱁슨칼리지에서 MBA를 했지만, 회사 경험은 전혀 다르다. 다이스케는 토요타에 입사해서 엔진의 소프트웨어 개발 부서에서 근무했고, 이제 자율주행, 인공지능을 개발하는 조직에서 근무하고 있다. 토요타의 생산 방식에 대한 학습이 과거 토요타 제왕학의 기본이었다면, 이제는 소프트웨어가 새로운 제왕학의 기본 코스로 바뀌었다고 볼 수 있다.

자동차 산업은 지금 그 어느 때보다 빠른 변화와 혼돈 속에 있다. 다양한 플레이어가 동시에 뛰어들고, 각국 정부의 규제까지 더해져 방향을 예측하기가 어렵다. 이런 상황일수록 변화의 본질을 냉철하게 파악할 수 있는 능력이 필요하다. 테슬라와 토요타의 대결은 이러한 혼돈의 시대를 상징한다. 한쪽은 기존 질서를 파괴하려 하고, 다른 쪽은 전통의 가치를 지키며 진화하려 한다. 게임의 규칙을 바꾼 테슬라가 어떻게 변신해 왔고, 그들이 어떤 파장을 일으켰는지 다음 장에서 살펴보자.

THE
SMART CAR
WAR

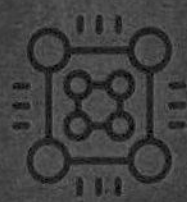

2장

일론 머스크의
공장 철학

눈에 보이는 혁신, 공장

1장에서 살펴본 것처럼, 대부분의 기업은 질량이 없는 사이버 세계(IT 기술)와 질량이 있는 실물의 세계 중 어느 하나에서만 강점을 갖는다. 구글, 메타, 애플은 질량이 9.1×10^{-31}kg에 불과한 전자의 움직임을 이용하는 사이버 세계의 강자다. 반면 토요타나 GM은 1톤, 2톤의 질량을 가진 자동차를 만드는 관성의 세계에서 군림한다. 애플이 자동차를 만들고자 했으나 결국 포기할 정도로 양쪽을 다 잘하기는 쉽지 않다.

그런데 일론 머스크는 정말 독특하게도 사이버 세계인 페이팔(전자결제 시스템)에서 성공하자, 관성(질량)의 세계에 도전해 테슬라와 스페이스X라는 사업을 성공시켰다. 클라우드처럼 가벼운 전자의 세계에서 시작해, 중력과 관성의 법칙이 지배하는 물리의 세계로 뛰어들었다. 그리고, 자동차에 IT 기술을 마구 녹여 놓고 있다.

이 장에서는 관성의 세계, 즉 실물의 세계에서 일론 머스크가 어떤 도전을 했는지 먼저 살펴보겠다. 공장은 눈으로 볼 수 있고 손으로 만질 수 있어 직관적이기에 일론 머스크의 제조 사상을 한결 쉽게 이해할 수 있다.

테슬라의 기가팩토리

'22년 4월 7일, 테슬라는 텍사스 공장을 가동하는 '사이버 로데오'라는 이벤트를 개최했다. 연간 50만 대를 생산할 수 있는 텍사스 공장은 테슬라의 4번째 완성차 공장이다. 테슬라는 공장 오프닝 행사에 미국 전역에서 고객을 모아서, 드론쇼, 불꽃 축제와 같은 화려한 이벤트를 진행했다. 혁신적 차량을 생산할 대규모 공장의 가동을 알리는 이날 이벤트는 차를 좋아하는 미국인들의 자존심을 회복시킬 수 있는 기념비적인 행사였다.

테슬라가 처음 차를 양산한 곳은 캘리포니아의 프리몬트 공장이다. 프리먼트 공장은 1962년 GM에 의해서 지어진 공장으로 당시 생산성이 낮아, 1982년에 폐쇄되었다. 이후 1984년 12월에 토요타와 GM이 합작하여 NUMMI라는 회사를 만들면서 프리먼트 공장을 본격적으로 다시 가동하여, 차량을 공동으로 생산했다. 2010년 GM의 경영난으로 NUMMI 합작이 종료되면서 테슬라가 이 공장을 인수해서 차를 양산했다.

프리몬트 공장 운영 경험을 축적한 테슬라는 이후 생산량 확대를 위해 '기가팩토리'라는 개념의 테슬라 표준 공장을 만들었다. 그리고, 중국 상하이(2019년 10월), 독일 베를린(2022년 3월)에 이어 미국 텍사스에 공장을 가동하기 시작했다. 테슬라는 자사 공장에 '기가(Giga)팩토리'라는 이름을 붙일 만큼 공장 규모가 거대하다. 텍사스 공장의 길이는 1,166미터로, 2009년에 완공된 현존하는 세계 최고 높이의 건축물인 163층의 부르즈 할리파 빌딩의 높이 829미터보다 길다. 면적은 약 40만㎡에 달한다. 이렇게 거대한 규모의 공장에서 테슬라는 어떤 방식으로 자동차를 만들고 있을까? 테슬라만의 독특한 제조 혁신을 이해하기 위해서는 먼저 전통적인 자동차 제작 공정을 살펴볼 필요가 있다.

자동차 제작 공정

자동차 공장은 프레스, 차체, 도장, 의장(조립) 공장의 순서로 구성되어 있다. 연구소에서 제품을 설계하면 설계 정보를 금형이란 큰 틀에 새겨 넣는다. 그리고 금형을 프레스 기계에 상하로 장착하고 철판을 금형 사이에 두고 세게 누른다. 그러면 철판은 설계된 형상으로 변형된다. 이후 성형된 부품을 차체 공장에서 용접하여 3차원 형상의 차체를 만든다. 자동차 회사에서는 이것을 BIW(Body in White) 또는 화이트 바디(White body)라고 한다. 아직 페인팅이 되기 전의 상태이기에 붙여진 이름이다. 차량의 골격을 정확하게 용접하지 않으면 내구 성능, 충돌 성능 등이 나빠지기에 상당히 주의를 기울인다.

이후 BIW를 도장 공장에서 페인팅하고, 의장(조립) 공장에서 도어를 제거한 뒤에 차량 내부에 부품을 장착한다. 그리고 차량 하부에 차의 기본 성능을 좌우하는 섀시(chassis) 부품(예를 들면, 엔진, 서스펜션 등)을 장착한다. 마지막으로 도어를 다시 장착하여 차량을 완성한다. 물론, 프레스, 차체, 도장, 의장 공장 사이에 재고 창고가 있지만, 하나의 선(라인)이 순차적으로 연결된 형태라고 생각해도 큰 무리가 없다. (〈자료 2-1〉 (a), (b) 참조)

자동차 공장은 일반적으로 차체, 도장, 의장(조립) 공장을 별도로 짓고, 각 공장 사이를 컨베이어 벨트로 연결한다. 〈자료 2-2〉는 텍사스 기가팩토리의 레이아웃이다. 특이하게도 하나의 거대한 공장 건물 아래에 프레스, 차체(용접), 도장, 그리고 의장 공장(조립)이 연결되어 있는 구조이다. 셀과 배터리 공장

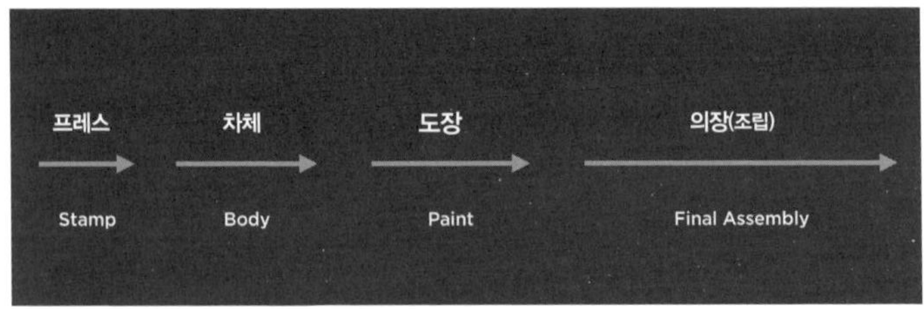

(a) 기존 공장 레이아웃

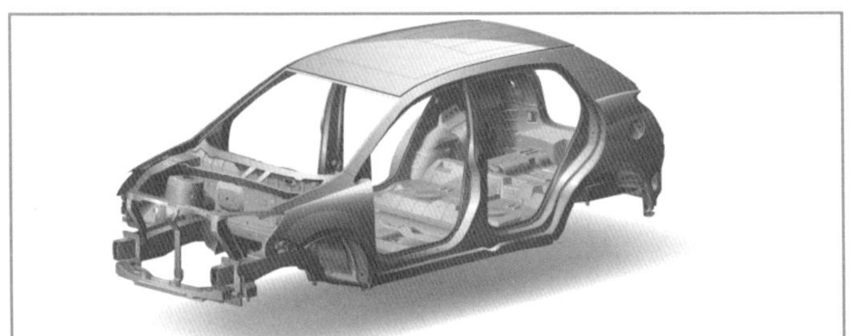

(b) BIW(body in white), 기존 차체

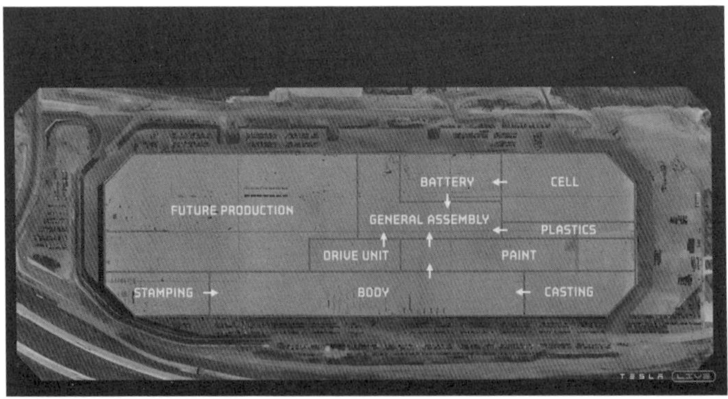

출처: '사이버 로데오' 이벤트 동영상

스마트카 패권 전쟁

도 동일 건물에 있는 점도 주목할 만하다.

특히, 테슬라는 기가캐스팅(Giga Casting)이라는 혁신적인 차체 제작 방법을 도입했다. 자동차의 차체는 철판을 적절한 사이즈로 절단하고 가공하고 용접하여 원하는 형상을 만들어 간다. 하지만, 테슬라는 알루미늄합금을 녹여 형틀에 넣어서 차체 부품을 단숨에 만드는 기가프레스(Giga Press)라는 장비를 이탈리아 기업인 IDRA에서 도입했다. 이렇게 하여 기존에 70개의 개별 부품을 용접해서 만들던 모델 Y의 리어 언더바디(rear underbody)를 단 하나의 거대한 알루미늄 주조품으로 대체했다. "이에 따라 용접 로봇 대수와 차체 용접 라인 길이를 줄였다. 테슬라의 CEO인 일론 머스크가 슈퍼 엔지니어이기 때문에 가능한 일일 것이다. 그의 공장에 대한 철학을 엿볼 수 있다. 어쩌면 그는 기가프레스와 같은 거대한 기계를 사용하여 차체를 한 방에 찍어낼 수 있는 것을 이상적인 제조 방식으로 꿈꾸고 있을지 모른다.

혁명적인 생산 방식, 언박스드 프로세스

하지만 일론 머스크의 혁신은 여기서 멈추지 않았다. 그는 더 근본적인 질문을 던지기 시작했다. "왜 우리는 100년 전 헨리 포드가 만든 생산 방식을 여전히 따르고 있는가? 기가캐스팅을 더 적극적으로 활용하면 자동차 공장의 구조 자체를 바꿀 수 있지 않을까?"

2023년 3월 1일, 테슬라 인베스터 데이에서 머스크는 충격적인 발표를 했다. 자동차 생산의 기본 원칙, 즉 차체를 먼저 만들고 그 안에 부품을 조립하는 방식을 뒤집겠다는 것이었다. 그가 제시한 '언박스드 프로세스(Unboxed Process)'는 이름 그대로 '상자를 열어버린' 혁명적인 생산 방식이었다.

기존 자동차 메이커는 BIW(또는 화이트 바디)라는 차체의 형상을 먼저 만들고 난 뒤에 차량 내부의 부품을 조립한다. 이 경우 어쩔 수 없이 사람이 계속 차 밖에서 부품을 잡아 차 안으로 들어가서 부품을 조립한다. 조립을 자동화하기도 힘들다. 그래서 생산성이 떨어진다.

테슬라의 새로운 공정은 3차원 폐공간(closed space) 즉, BIW를 먼저 만들지 않겠다는 발상에서 출발한다. 테슬라는 차량을 크게 6개 모듈(차량 앞, 중간, 뒷부분과 왼쪽·오른쪽 사이드, 기타 부분)로 나누어서 페인팅과 조립을 완료하고 난 뒤에 마지막 단계에서 6개의 빅 모듈을 하나로 합쳐 한 대의 차를 만들고자 한다. 그리고 자동차 공장의 레이아웃도 기존의 일자 라인에서 생선 뼈

　　　　　　　　　　　　　　　　　　　　　　스마트카 패권 전쟁

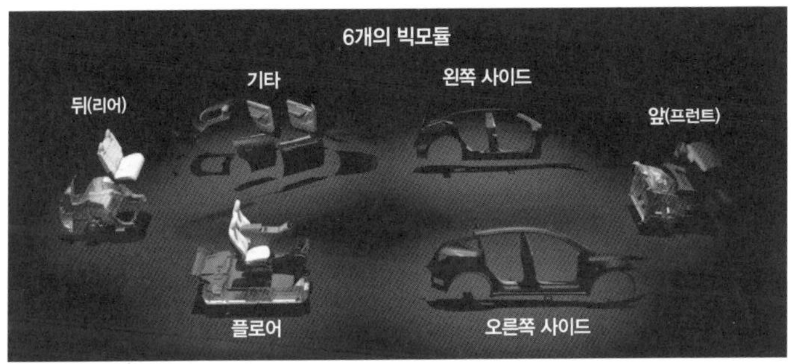

(a) 테슬라의 6개 빅모듈

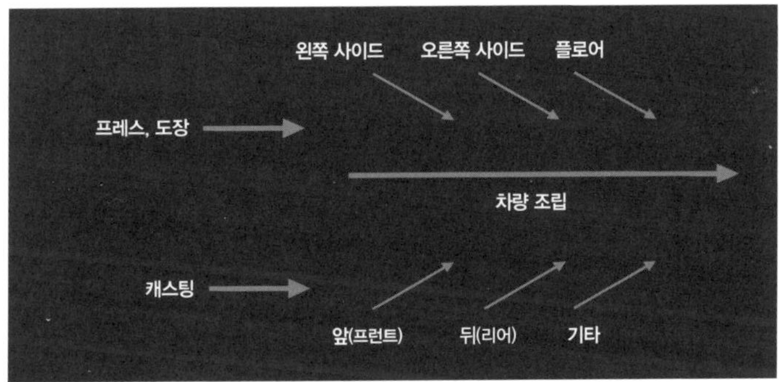

(b) 생선 뼈 레이아웃

와 같은 형태의 레이아웃으로 완전히 변화시킬 예정이다.(〈자료 2-3〉 (a), (b) 참조)

직선으로 연결된 기존 자동차 공장의 레이아웃과 테슬라가 제안한 생선 뼈 모양의 레이아웃 간의 차이를 살펴보자.

언박스드 프로세스의 장점은 첫째, 자동화에 의한 생산성 향상이다. 앞서 말한 것처럼 BIW는 박스 형태의 폐공간 때문에 자동화가 힘들다. 현재 의장 공장의 자동화율은 15% 수준으로 알려져 있다. 하지만 테슬라의 언박스드 프로세스는 개방된 공간에서 모듈 단위로 조립하기 때문에 자동화가 용이하다. 그리고 작업자의 접근성이 커져 생산성을 올릴 수 있다.

둘째, 차량을 제작하는 소요 시간(리드타임)을 극적으로 단축시킬 수 있다. 기존 공장은 4개의 공장을 직렬로 배치하여 공정이 순차적으로 진행되기 때문에 어느 정도 시간이 걸린다. 하지만 언박스드 프로세스는 6개의 빅 모듈이 동시 병행으로 조립하기 때문에 1대의 차를 제작하는 데 소요 시간(리드타임)을 극적으로 단축할 수 있다.(〈자료 2-4〉 참조)

셋째, 공장을 컴팩트화 할 수 있다. '생선 뼈'처럼 생긴 레이아웃은 척추에 해당하는 메인 라인과 6개의 서브 라인으로 구성되어 있다. 이것은 현재 생산 라인보다 훨씬 더 컴팩트한 생산 라인을 만들 수 있다. 테슬라는 생산 라인의 설치 면적을 40% 이상 줄일 수 있다고 한다. 생산 라인의 소형화는 공장을 신·증설할 때 위력을 발휘한다. 기존 생산 방식보다 초기 투자 비용을 절감할 수 있을 뿐 아니라 공사 기간도 줄일 수 있다. 즉 보다 저렴한 비용으로 빠르게 전기차 양산 공장을 만들 수 있다고 본 것이다.

2023년 공개 이후, 언박스드 프로세스가 구체적으로 어떤

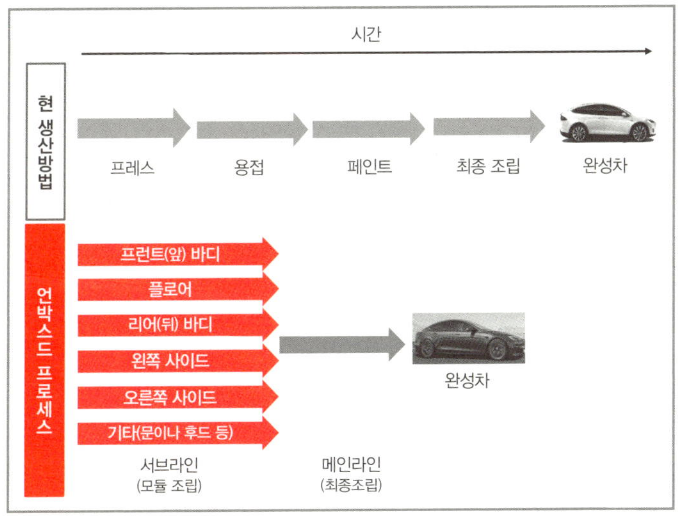

출처: xtech.nikkei.com

설계·공정으로 구현될지는 아직 공식화되지 않았다. 다만 필자가 파악하기로 중국 텐진의 AE Corp라는 자동차 플랜트 설비 제작사가 테슬라 의뢰로 관련 설비 일부를 2025년 하반기에 제작·납품했다. 즉, 테슬라는 언박스드 프로세스라는 혁신적인 공장 건설 프로젝트를 여전히 진행시키는 것으로 보인다.

사실 언박스드 프로세스에서는 이미 페인팅이 끝난 각 모듈 부품을 어떻게 서로 고정할 것인지, 그리고 복잡해지는 공장의 레이아웃을 어떻게 설계하고 운영할 것인지 등의 여러 가지 과제가 남아 있음에도 불구하고, 테슬라의 도전은 의미가 있다.

"왜 100년 동안 같은 방식으로 차를 만들어야 하는가?"라는 근본적인 질문을 던지고, 설령 실패하더라도 계속해서 새로운 방법을 시도하는 모습은 인상적이다. 실제로 기가캐스팅은 신흥 전기차 메이커에게는 산업 표준이 되었다고 할 정도로 많이 이용되고 있다. 실패를 두려워하지 않고 도전하는 것이 지금의 테슬라를 만들었다. 보수적인 자동차 산업에 테슬라의 일론 머스크는 역시 천재적인 이단아임에 틀림없다.

토요타의 SSC

우리가 어떤 것을 관찰할 때 서로 성격이 다른 것과 비교해서 보면 좀 더 그 특징이 잘 보일 때가 있다. 테슬라의 공장을 토요타의 그것과 비교하면 일론 머스크의 제조 철학이 무엇인지 좀 더 명확하게 알 수 있다. 사실 테슬라가 언박스드 프로세스를 통해 공장을 컴팩트화하고 생산리드타임을 줄이겠다고 했지만, 이것은 토요타 생산 방식의 핵심이다. 여기서 토요타가 공장을 어떻게 개선해 왔는지를 살펴보자.

토요타는 고객의 변화에 유연하게 대응할 수 있는 공장을 만

(a)

	다이하츠 나카츠 공장		
	1공장	2공장	2공장/1공장(비율)
가동 시기	2004년 11월	2007년 11월	
건축 면적	11만 m^2	5.3만 m^2	48%
공정 수	−	1공장 절반	50%
초기 투자비	400억 엔	235억 엔	59%
생산 능력	약 23만 대	약 23만 대	100%
로봇 설치 밀도	−	1공장의 3배	300%
종업원 수	약 2,100명	약 400명	19%

출처: 江本, 박태훈, '다이하츠의 규슈에서 인도네시아로의 최신예 소형차공장 이식 전략', 2017년 논문.

(b)

출처: 구글 어스

들기를 원한다. 코스트 저감보다 업무 프로세스 개선이 더 중요하며 공장에서의 생산 흐름을 개선하면 자연스럽게 코스트는 저감될 것이라고 생각한다. 그래서 토요타가 제시한 공장 콘셉트는 심플(Simple), 슬림(Slim), 컴팩트(Compact)다. 줄여서 SSC라고 표현한다. 공장을 컴팩트하게 만들어 가능한 투자비를 줄이고, 공장의 운영 비용까지도 줄이고자 한다.

〈자료 2-5〉의 (a)는 토요타 그룹의 경차 전문 메이커인 다이하츠가 이루어낸 성과물을 수치로 나타낸 것이다. 2004년 11월에 다이하츠는 규슈의 나카츠에 400억 엔을 투자하여 23만 대 규모의 공장을 건설하였다. 종업원 수는 약 2,100명으로 경차와 소형차를 만든다. 이후 SSC 개념으로 공장을 혁신했다. 즉 2007년 11월에 만들어진 나카츠 제2공장은 235억 엔을 투자하여 제1공장의 절반 면적에 동일한 생산 능력을 가지게 되었다. 종업원 수는 약 400명으로 제1공장의 19% 수준에 불과하다. (b)는 다이하츠의 나카츠 공장을 인공위성에서 찍은 사진이다. 왼쪽에 있는 나카츠 제1공장과 비교해 오른쪽의 제2공장이 동일한 생산 능력을 갖추고 있음에도 불구하고 얼마나 콤팩트하게 만들어졌는지 알 수가 있다.

생선 뼈 형태의 공장 레이아웃

나카츠 제2공장은 비밀병기라면서 일체 외부에 공장을 공개하고 있지 않지만, 언론에 공개된 나카츠 제2공장의 혁신 사례를 살펴보자. 먼저 차체를 용접하는 데 필요한 지그(Jig)를 없앴다. 보통 차체를 용접할 때 차종마다 전용으로 설계한 지그가 용접하는 철판을 잡아준다. 하지만 비용이 많이 드는 지그 대신 로봇이 용접할 위치를 잡아 고정한 후에 용접한다. 이렇게 하여 지그 설치 비용을 줄였으며, 다양한 차종의 용접을 큰 비용의 증가 없이 용접할 수 있었다.

한편, 차체-도장-조립 공장 간 이송할 때 차량을 컨베이어 벨트 위에 세로 방향으로 돌려서 이송하여 길이를 줄였다.(〈자료 2-6〉(a) 참조) 이외에 좁은 공간에 많은 로봇을 설치하였다. 나카츠 제1공장이 단위 면적당 3.8대의 로봇이 설치되어 있는데, 나카츠 제2공장은 단위 면적당 로봇이 11.4대가 설치되어 약 3배 정도로 로봇 설치 밀도를 올렸다.

그리고 테슬라가 언박스드 프로세스에서 발표한 생선 뼈 형태의 공장 레이아웃도 사실 처음은 아니다. 〈자료 2-2〉의 (b)는 토요타가 10년 전에 만든 엔진 공장의 레이아웃이다. 하나의 엔진 생산 라인에서 다양한 종류의 엔진을 만들기 위해 고

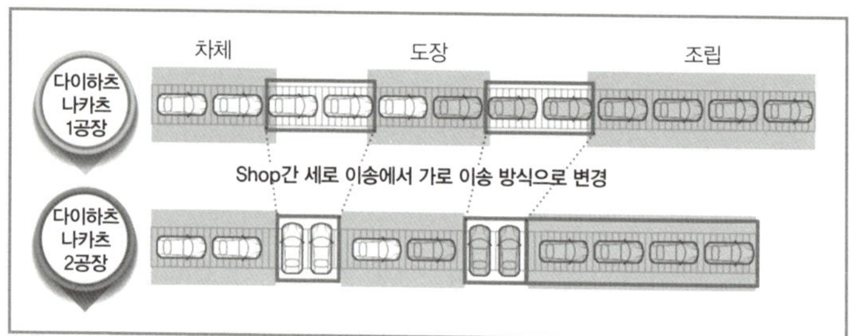

(a) 컨베이어 벨트에서 차량 배치 방향을 가로 방향으로 변경(다이하츠)

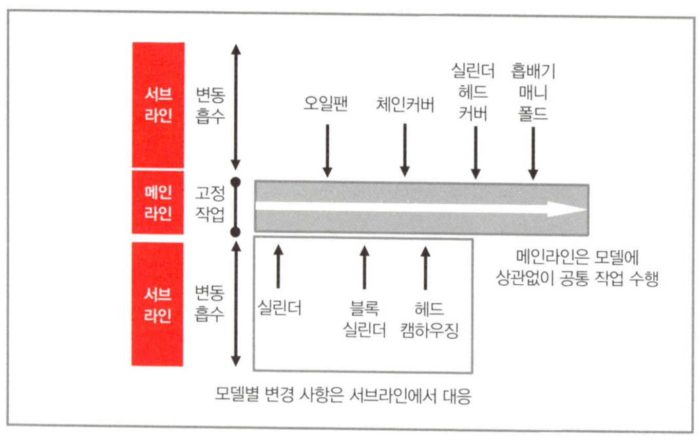

(b) 토요타의 물고기 뼈 모양 엔진 공장 레이아웃

출처: xtech.nikkei.com

안된 방식으로 엔진에 장착되는 각종 부품의 생산을 서브 라인으로 만들어두었다.

물론, 완성차 조립에 이런 레이아웃을 적용하겠다고 시도하는 것은 분명 테슬라가 처음이다. 테슬라와 토요타가 같이 생선 뼈와 같은 레이아웃에 도달했지만, 공장을 통해 추구하는 목표는 서로 다르다. 테슬라는 철저하게 공장 자동화를 하고 싶어 하고, 토요타는 동일한 생산 라인에서 다양한 제품을 만들고 싶어 한다.

구조는 전략을 따른다

자동차 메이커들은 저마다 창업 이후 성장하는 과정에서 시련을 겪고 또 문제를 해결해 나갔다. 그러면서 그 경험이 조직의 노하우로 정착되었다. 결국 조직이 가지고 있는 경험이 지금과 같은 자동차 산업의 전환기에 서로 다른 의사 결정을 만들어 낸다.

공장을 운영하고 만드는 철학에서도 크게 두 가지 관점이 존재한다. 가능하면 인력을 배제하고 자동화를 많이 하고 싶어 하는 기업이 있다. 이런 기업은 고급 기술자와 현장 작업자를 구분하고, 로봇이 작업을 해야 더 높은 품질을 확보할 수 있다고 믿는다. 지금 테슬라의 언박스드 프로세스는 자동화 기계와 로봇으로 차를 만들고 싶은데 차량 구조로 인해 불가능 하자, 차량의 구조와 조립 방법 전체를 변경해 자동화하겠다는 의지의 결과물이다. 한편, 강한 노조를 가진 기업일수록 공장 자동화에 집착한다. 현대자동차와 닛산이 그 예이다.

반대로 자동화도 좋지만, 작업자의 역할을 중시하는 회사도 있다. 토요타가 대표적이다. 엔지니어와 공장 작업자 간의 구분을 좋아하지 않는다. 그래서 토요타는 본사 직원도 작업복을 입고, 사장도 곧잘 작업복 차림으로 사내 행사에 참석한다.

이처럼, 자동차 메이커에 따라 제품에 대한 철학, 공장에 대한 철학은 서로 다르다.

미국의 유명한 경영 사상가 알프레드 챈들러(1918~2007년)는 "구조는 전략을 따른다(Structure follows strategy)"라는 말을 남겼다. 조직이 추구하는 전략에 따라 이를 뒷받침하는 조직의 구조가 달라진다는 의미이다. 지금 전기차 공장이 그렇다. 기업별로 전기차에 대한 나름의 전략이 서 있을 것이다. 단, 외부에서는 정확히 알기 힘들다. 하지만 공장을 보면 어떤 전략으로 움직이고 있는지 추정할 수 있다.

THE
SMART CAR
WAR

3장

토요타의 EV 도전

테슬라에 도전하는 토요타

생산성의 딜레마(productivity dilemma)라는 게 있다. 미국의 경영학자 윌리엄 애버내시가 제기한 개념이다. 그는 "지배적 지위를 가진 기업이 생산성 향상을 위해 지속적으로 투자하고 노력하여 그 지위를 더욱 견고히 하면 할수록 새로운 제품을 혁신하기 힘들다"고 주장했다. 미국 자동차 산업을 분석하면서 발견한 내용이다. 생산성 향상이란 '구성원이 하나의 목표를 향하여 지속적인 노력을 하는 것'을 의미한다. 기존 산업을 부정하는 새로운 제품 혁신은 많은 시행착오가 필수적이기에 일시적으로 생산성이 떨어진다. 따라서 생산성을 추구하는 집단은 좀처럼 혁신하기 힘들다는 논리이다. 그래서 애버내시는 생산성과 혁신은 상충하며, 이런 현상을 '생산성의 딜레마'라고 지칭했다.

자동차 산업이 전동화, 스마트화로 전환되고 있는 가운데

                                                스마트카 패권 전쟁

'생산성의 딜레마' 하면 떠오르는 기업이 하나 있다. 바로 토요타이다. 토요타는 회사의 모든 구성원이 지속적인 개선을 추구하는 회사로 알려져 있다. 과연 토요타는 전기차로 빠르게 전환하는 시기에 새로운 혁신을 이뤄낼 수 있을까? 2023년경 테슬라의 혁신에 열광하는 언론과 자동차 전문가는 토요타가 전기차 분야에서 뒤처져 있다고 입을 모았다. 토요타는 이런 여론을 의식하고 있었다. 2023년 4월 토요타는 사장을 새롭게 교체했고 6월에는 선행 연구소인 히가시후지연구소에서 '자동차의 미래를 바꾸자'라는 테마로 '토요타 테크니컬 워크숍'을 개최하여 개발 중인 신기술을 공개했다. 특히 토요타는 차세대 전기차 플랫폼의 개념과 함께 미래 전기차 공장의 콘셉트를 발표했다. 공장 내 컨베이어 벨트를 없애고 대신 조립 중의 전기차가 공장 내에서 자율주행하는 콘셉트의 공장이다.

나는 낡은 사람이다

3장에서는 혁신이 요구되는 이 시기에 토요타가 추구하는 개선과 혁신의 모습을 살펴보자. 이것은 토요타를 벤치마킹하면서 글로벌 자동차 메이커로 자리매김한 현대차에도 여러 가지 측면에서 참고가 될 것이다.

2023년 1월 26일 토요타는 긴급 기자회견을 열어 뜻밖의 소식을 발표했다. 토요다 아키오 사장이 대표직에서 물러나고 후임으로 사토 고지를 대표로 선정했다는 발표였다. 이날 발표에서 토요다 아키오 사장은 다음과 같이 말했다.

"나는 이제 낡은 사람(古い人間, 후루이 닌겐)이다. 나는 자동차쟁이로 자동차를 좋아했기에 토요타의 변혁도 실현할 수 있었다. 하지만 자동차를 뛰어넘을 수 없었다. 이것이 나의 한계이기도 하다."

2009년 6월 사장에 취임한 토요다 아키오는 사면초가에 빠진 토요타를 위기에서 구해 글로벌 1위 메이커로 자리매김한 업적을 남겼다. 그가 사장에 취임하자마자 리먼 쇼크, 대규모 리콜 사태, 동일본 대지진, 태국 홍수라는 위기가 발생했다. 이것을 오너 가문 출신인 토요다 아키오 사장 특유의 리더십으로 하나하나 극복해 나갔다. 특히 1,000만 대 규모의 대규모 리콜 사태는 토요타라는 회사를 근본적으로 바꾸는 계기가 되었다. 한국에서는 잘 알려지지 않은 리콜 사태가 일어난 발단에 대해서 간단히 살펴보자.

토요타 리콜 사태

토요타 차량의 대규모 리콜은 2009년 8월 28일 마크 세일러 일가족의 사망사고로부터 시작한다. 세일러가 운전한 렉서스 ES350 차량이 시속 100마일 이상으로 달리다가 속도를 줄이지 못하고 계곡에 처박히는 사고가 나서, 운전자를 포함한 4명이 모두 사망했다. 당시의 비극적인 상황은 사고 차량의 탑승자가 911에 전화한 내용이 방송되면서 널리 알려졌다.

그런데 세일러가 원래 사용하는 차량은 RX400h라는 렉서스 SUV 차량이었다. 그는 운전석에 두꺼운 고무 매트를 깔고 운전했다. 그의 SUV 차량이 고장 나서 딜러점에 수리를 맡기고 렉서스 ES350이라는 세단 차량을 렌트한 것이었다. 그는 원래 차량에서 사용하던 고무 매트를 ES350 세단 차량에 장착했는데 이 고무 매트가 제대로 고정되지 않은 상태에서 운전했다. 비극적인 사고는 정말 사소한 것에서부터 출발한다. 세일러는 고속도로를 운전하며 액셀 페달을 밟았다. 그런데 앞으로 밀려온 고무 매트에 액셀 페달이 끼어서 움직이지 않게 되었고, 차량이 계속 가속되면서 결국 사고로 이어졌다.

세일러 가족의 사고 3일 전에 동일한 딜러점에서 비슷한 사고가 있었다. 플랭크 버나드라는 사람이 매트가 깔린 차를 빌려 타고 나왔다가 비슷한 경험을 했다. 그는 인근 고속도로에 합류하기 위해 액셀을 힘껏 밟았다. 그러고 액셀에서 발을 뗐지만, 액셀이 제자리로 돌아오지 않았다. 액셀 페달이 고무 매트에 끼인 것이다. 버나드는 속도가 시속 80~85마일까지 가속되자, 힘껏 브레이크를 밟아 속도를 50~60마일로 줄였고, 다시 브레이크를 밟고 기어를 중립으로 해서 차를 정지시킬 수 있었다. 버나드는 딜러점에 방문하여 매트 문제로 차를 제어할 수 없는 상황에 빠졌었다며 주의를 주었다. 하지만, 동일한 딜러에서 차량을 빌린 세일러 일가족은 또다시 두꺼운 매트를 깔고 운전했다가 동일한 사건이 일어났고, 안타깝게도 이번에는 사고로 이어져 모두 사망하게 되었다.

사실 다소 애매한 사건이었다. 하지만 당시 언론들은 일제히 토요타를 질타했다. 일부 언론은 토요타 생산 방식이 문제라고 했고, 토요타가 협력업체에 단가를 후려치기 때문이라고도 했다. 당시 미국 상황은 토요타에 호의적이지 않았다. 미국 자동차 빅3 중 2개 회사인 GM과 크라이슬러가 부도가 난 상황이었다. 막 사장이 된 토요다 아키오가 미국 청문회에 참석해 사태를 설명하고 토요타가 침착하게 리콜에 대응하면서 점차 잠잠해졌다.

리콜 사태 이후 토요타는 문제의 원인을 '설계의 복잡성'과

'조직 문제'라고 생각했다. 당시 토요타는 하이브리드 시스템을 차량에 확대, 적용하고 있었다. 토요타의 엔지니어는 한정된 차량 공간에 엔진, 배터리, 모터 등을 장착해 냈다. 하지만 차량에 여유 공간이 부족한 상태에서 미국 고객들이 두꺼운 매트를 사용하고 있다는 점까지는 고려하지 못했다. 이후, 토요타는 설계의 복잡성 문제를 해결하기 위해 TNGA(Toyota New Global Architecture)라는 설계 혁신을 진행했다. TNGA는 부품을 콤팩트화하고 모듈화시켜 다양한 차종을 효율적으로 개발할 수 있는 체계적인 설계 방법론이다.

또 토요타는 조직이 비대해지는 바람에 대규모 리콜 사태 발생 시 회사 차원의 대응이 늦었다고 판단, 1,000만 대 생산 규모의 회사를 제품 중심으로 하는 여러 개 작은 규모의 사내 컴퍼니로 만들어 자율적인 의사 결정을 하도록 했다. 그리고 사내 컴퍼니의 대표들을 서로 경쟁시켜 토요타의 최고 경영자로 육성하는 장치로도 활용했다. 2023년 토요타 신임 사장이 된 사토 고지 또한 '렉서스' 사내 컴퍼니의 대표를 한 사람이다. 토요타는 이런 변혁을 통해서 위기에 빠진 토요타를 글로벌 1위 자동차 메이커로 자리 잡게 했다.

하지만 전기차로 전환하는 과정에서 토요다 아키오의 리더십은 흔들리기 시작한다. 토요타는 전방위 전략, 즉 내연기관,

하이브리드, 수소차, 전기차를 모두 공급하겠다는 전략을 펼치지만, 1장에서 언급한 것처럼 전기자동차 전용주의자(오직 EV 파)에게 비난의 표적이 되었다.

토요다 아키오의 리더십 추락

일본 내 언론이 토요다 아키오 사장의 경영 스타일, 특히 인사 문제에 대해 집중적인 비판을 가했다. 특히 일본의 경제 주간지인 〈주간 다이아몬드〉는 2022년 2월 말 〈절정 토요타의 진실〉이라는 커버스토리를 게재, 토요다 아키오 사장의 리더십에 의문을 제기했다. 토요다 아키오가 사장 비서실, 기획실에서만 근무한 '예스맨'을 계속 요직에 앉히고, 바른말 하는 실력파 인재를 계속 내치고 있다고 실명까지 언급하면서 비판했다. 또 주간지 편집장이 직접 '토요다 아키오 전 상서'라는 편지 형식의 글을 적어 실었는데 그 요지는 카리스마가 강한 리더가 만들어내는 각종 부작용을 지적하는 내용이었다. 글의 일부를 옮기면 아래와 같다.

토요다 아키오 사장님.

토요타 내부에서는 의견이 제대로 전달되고 있지 않은 것 같습니다. 이런 상황을 초래하는 원인 중 하나는 토요다 사장의 너무 강한 리더십에 있는 것 같습니다. 강한 리더십 자체는 나쁘지 않습니다. 자동차 업계는 '100년에 한 번 있는 대혁명기'에 있고, 이에 대응하지 못하면 토요타도 위험하기에 개혁은 필요한 일이고, 거대 조직의 개혁을 위해서는 최고 경영자의 강력한 리더십이 필수입니다.

하지만 윗사람의 힘이 강하면 강할수록 아랫사람들은 의견을 말하기 어려워집니다. 소탐대실이 만연하고, 불편한 정보가 올라가지 않게 됩니다. 동서고금을 막론하고 어느 조직이나 마찬가지입니다. '모든 게 다 토요다 사장 탓'이라고는 말하지 않겠습니다. 하지만 토요타의 많은 사람이 토요다 사장의 뜻에 어긋나지 않도록 하는 거에 급급하다는 인상을 받고 있습니다.

위의 글을 통해 당시 일본 언론이 토요다 아키오 사장을 어떻게 평가하고 있는지를 미루어 짐작할 수 있다. 결국 회장인 우치야마다 다케시가 건강을 이유로 사임하겠다고 밝혔다. 그는 '프리우스 차량의 아버지'라 불리는 사람으로 토요다 아키오 사장에게 여러 가지를 충고하는 역할을 해왔다. 그는 스스로 회장직에서 물러나면서 토요다 아키오에게도 사장 자리에서 물러나라고 권했다. 그리고 사토 고지가 신임 사장이 된 것이다.

토요타 전기차의 미래

신임 사토 사장은 와세다대학 기계공학과를 나와 1992년 토요타에 입사하여 서스펜션과 브레이크 등을 설계했다. 그는 또 테스트 코스에서 직접 운전하면서 차량을 평가할 정도로 운전 실력이 상당하다고 한다. 이후 자동차 개발 프로세스를 통괄하는 치프 엔지니어(Chief Engineer, CE)가 되었다. 특히 2도어 쿠페인 렉서스 LC500이 그의 작품이다. 이후 토요타 사내 컴퍼니인 '렉서스 인터내셔널'의 사장으로 취임했고, 자동차 산업의 대변혁기인 2023년에 토요타의 미래를 이끄는 역할을 맡게 되었다.

사토 고지 신임 사장은 전기차 확대에 적극적으로 대응하는 임무를 맡고 있다. 초기 전기차 보급 단계에서는 1회 충전 시 주행 거리, 충전 시간 등이 주요 경쟁 요소였다. 이 시기에는 첨단 제품에 흥미를 갖는 소비자 중심으로 판매가 이루어졌다.

하지만 이제는 전기차의 대중화가 이루어져야 할 시점이다. 따라서 가격이 가장 중요한 경쟁 요소로 떠오르고 있다. 그런데 전기차 원가의 30~40%를 차지하는 배터리 가격은 낮아질 기미를 보이지 않는다. 그래서 배터리 이외의 부문에서 획기적으로 원가를 줄여야만 한다. 이런 상황에서 테슬라가 '반값 전기차'를 만들겠다며 먼저 공세를 가했고, 2023년 3월에는 언박스드 프로세스라는 제조 방식을 제안했다. 그러자 6월에 토요타는 이에 응전이라도 하듯 자율주행 조립 라인이라는 새로운 공장 콘셉트를 제시했다.

자율주행 조립 라인

기존 자동차 메이커의 대표 주자인 토요타는 2023년 6월 8일 '토요타 테크니컬 워크숍'에서 차세대 전기차 플랫폼과 함께 새로운 조립 방식을 제시했다. 토요타에서는 정확한 명칭을 부여하지 않았지만, 미국 오토모티브 뉴스에서는 토요타의 새로운 조립 방식을 '자체 추진 조립 라인'이라고 이름 붙였다. 일본 신문에서는 '자주 조립 라인'이라고 한다. 여기서는 '자율주행 조립 라인'이라고 부르겠다.

〈자료 3-1〉 토요타의 자율주행 조립 라인

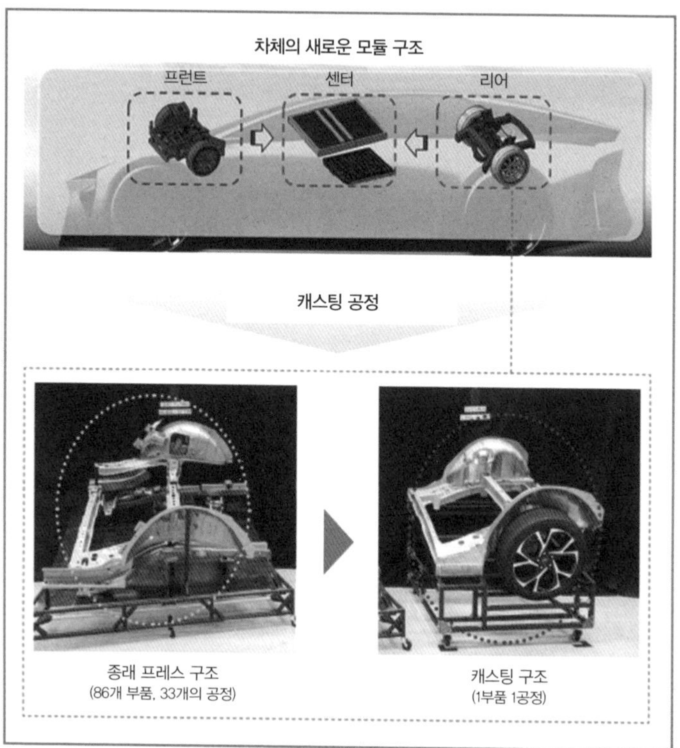

토요타의 차세대 전기차 플랫폼(상단)과 기가 캐스팅으로 제작된 리어·언더 보디 시작품.
출처: 토요타

토요타는 〈자료 3-1〉과 같은 차세대 전기차 플랫폼을 제시했다. 전기차의 언더 보디를 크게 프런트, 센터, 리어로 나누고 프런트와 리어·언더 보디는 테슬라처럼 기가 캐스팅 공법으로 만들고 배터리가 센터 부분이 된다. 토요타는 이미 시작품을 만들어 6월에 공개했다. 현재 86개의 부품을 33개의 공정에서 용접해 만들었다면, 앞으로는 캐스팅 방법으로 한 공정에서 일체화된 부품 1개를 만들어내겠다고 발표했다. 다분히 테슬라를 의식한 발표이다. 미리 상당 수준으로 준비하고 있었기에 가능했다.

단, 토요타는 테슬라의 차세대 전기차 공장을 벤치마킹했지만, 그대로 따라가지는 않았다. 테슬라 대비 경쟁력을 확보하기 위해서다. 일부 정보에 의하면 토요타는 테슬라와 달리 굳이 1개의 큰 부품으로 만들지 않고, 실제로는 3~4개의 부품으로 만들어 합치는 것이 더 효과적이라고 판단한 것 같다. 테슬라는 이탈리아의 이드라(IDRA) 사가 만든 기가프레스를 사용한다. 기가프레스에 사용하는 금형을 교체하는데 꼬박 하루가 걸리는 수준이다. 기계 사이즈가 너무 크기 때문에 기존 자동차 공장에 들어가지 않는다.

토요타는 일본 업체인 우베(UBE) 시와 공동으로 대형 주조기를 개발해 왔다. 그리고 토요타는 금형을 전용 부분과 범용 부분으로 구별해서 기가프레스를 소형화하고, 금형을 교체하는데 20분 정도로 단축할 것으로 알려졌다. 원래 캐스팅 공정은 알루미늄합금을 용해해야 하므로 고온 상태가 된다. 그래서 기존 자동차 공장에 설치하기가 쉽지 않다. 하지만 토요타는 새로운 냉각 기술 등을 적용해 종래의 프레스 공장 자리에 캐스팅 공정을 만들려고 한다. 테슬라 대비 기존 공법에 많은 노하우를 가지고 있는 토요타 나름의 비교우위를 확보하고자 하는 노력이다.

컨베이어 벨트가 사라진다

〈자료 3-2〉는 토요타가 제시하는 차세대 공장의 이미지다. 토요타의 차세대 공장은 컨베이어 벨트 없이 전기차의 언더 보디가 자동으로 주행하는 형태다. 이것은 차세대 전기차 플랫폼의 독특한 특징을 이용한 생산 방식이다. 전기차에는 배터리가 존재하고 프런트, 리어·언더 보디에 미리 모터 등의 섀시 부품을 장착할 수 있다. 또 매연이 발생하지 않는다. 따라서 토요타는 최근 유행하고 있는 자율주행 기술을 생산 공장에서 활용하고자 한다. 즉 공장 내의 컨베이어 벨트를 없애고, 차량이 공장 내에서 자율적으로 움직이면서 차량 조립을 완성하는 방법이다.

이 방법은 생산 준비의 개념을 완전히 바꾸어 버린다. 종래 컨베이어 벨트를 사용하는 경우 공장 개조나 신차 투입을 반드시 긴 연휴 기간에 실시한다. 왜냐하면 새로운 설비를 공장에

　　　　　　　　　　　　스마트카 패권 전쟁

기존 공장   차세대 공장

출처: 토요타

넣기 위해서는 컨베이어 벨트를 멈춰야 하기 때문이다. 그래서 자동차는 2, 3년에 한 번 정도로 생산 라인의 차량을 변경한다. 하지만 토요타의 새로운 전기차 생산 방식(자율주행 조립 라인)은 컨베이어 벨트가 없고, 생산 도중의 차량이 필요한 위치로 오기 때문에 신공장을 건설하는 기간과 투자비가 줄어든다. 그리고 공장에 신차를 투입하는 것이 극단적으로 유연해질 전망이다. 토요타는 이 방식을 이용하여 생산 준비기간, 생산공정, 공장 투자비를 모두 종래의 2분의 1로 줄이겠다고 밝혔다.

흥미로운 것은 토요타는 이미 공장 내에서 자율주행 방식을 일부 활용하고 있다는 점이다. 2023년 2월부터 생산하는 전기차 bZ4X는 조립이 끝나고 검사 공정으로 이동 시 사람이 운전하지 않고, 무선 통신을 이용하여 자동운전으로 차량을 이동시킨다. 일본은 공장과 같은 한정된 공간에서 자동운전을 적용하는 것이 일반 시내 주행보다 실용성이 있다고 생각하고 먼저 적용하고 있다.

개발과 생산 부문 조직 통폐합

토요타와 테슬라가 구현하고자 하는 차세대 전기차 공장을 구현하기 위해서는 해결해야 할 과제가 여럿이다. 그중 특히 조직 문제가 크게 대두된다. 연구개발 부문에서 차량을 설계하면 생산 공장에서 제조하기 힘든 경우가 많다. 공장에서 제조하기 쉬운, 또는 혁신적인 공정을 제안하면 연구개발 부문(설계)에서 적절하지 않다고 거부할 수 있다. 혁신하려고 해도 조직별로 생산성의 딜레마에 빠지기 쉽다.

일반 도로에서의 자율주행 기술보다 공장과 같은 한정된 지역에서의 자율주행은 기술적으로 쉬울 수 있다. 그러나 토요타처럼 자율주행 기술을 공장 내에서 실현하고자 할 경우, 생산기술과 연구개발 부문 간에 권한과 책임 부분에서 오버랩이 생긴다. 원래 자율주행은 연구개발 부문의 영역이지만, 생산기술 부문에서 활용해야 하기 때문이다.

테슬라는 3월 '언박스드 프로세스'를 제안할 때 개발 부문과 생산 부문 간의 협력체제에 대해서 언급했다.

"테슬라에서 차량을 처음 개발할 당시에는 먼저 설계하고 난 뒤에 제조 방식을 생각했다. 하지만 저렴한 차량을 만들기 위해 이제 연구개발과 생산 부문의 관계자가 같이 작업을 한다." 말은 쉽지, 현실 세계에서는 좀처럼 쉽지 않다. 특히 대기업에서는.

차량용 반도체 재고 유지

여기에서 토요타 생산 방식(TPS)이 무엇인지 다시 한번 생각해 볼 필요가 있다.

흔히 토요타 생산 방식은 재고를 최소화하고 '저스트 인 타임(Just In Time, JIT)'으로 부품을 공급하는 방식으로 알려져 있다. 맞는 말이다. 하지만 이렇게만 알면 곤란할 때가 있다. 최근 몇 년간 차량용 반도체가 부족하여 자동차 공장이 멈춘 적이 있었다. 이때 토요타는 자사에 필요한 반도체 재고를 6개월 치나 가지고 있어 업계 관계자 모두를 놀라게 했다. 재고를 최소화하는 것으로만 토요타 생산 방식을 이해해 온 사람들에게는 납득하기 힘든 내용이다. 토요타 생산 방식을 좀 더 넓은 개념으로 생각할 필요가 있다.

2011년 동일본 대지진이 발생하자 당시 차량용 반도체를 만드는 르네사스의 나카 공장이 큰 피해를 입어 생산을 중단한 일이 있었다. 그래서 차량용 반도체가 부족하여 일본의 자동차 공장이 멈췄다. 이후 토요타는 반도체 공급이 자동차 생산에 어떤 문제를 만들어내는지를 알게 되었고 그 이후 반도체 재고 6개월 치를 유지하고 있던 것이다.

곧잘 토요타의 경쟁사, 또는 제조기업은 토요타 생산 방식이라 불리는 용어를 싫어하는 경우가 있다. 왜냐하면 경쟁사의 이름이 앞에 붙어 있기 때문이다. 그래서 린 생산 방식, 스마트 생산 방식 등과 같은 다양한 이름을 사용하기도 한다. 단 필요하면 얼마든지 타사의 좋은 점을 가지고 올 수 있어야 한다.

자동차 생산 방식의 진화

이런 측면에서 내연기관에는 토요타 생산 방식이 적합하지만, 전기차에는 테슬라 방식이 적합하다는 식의 논조는 바람직하지 않다.

〈자료 3-3〉은 작업을 분석한 그래프로 토요타 생산 방식을

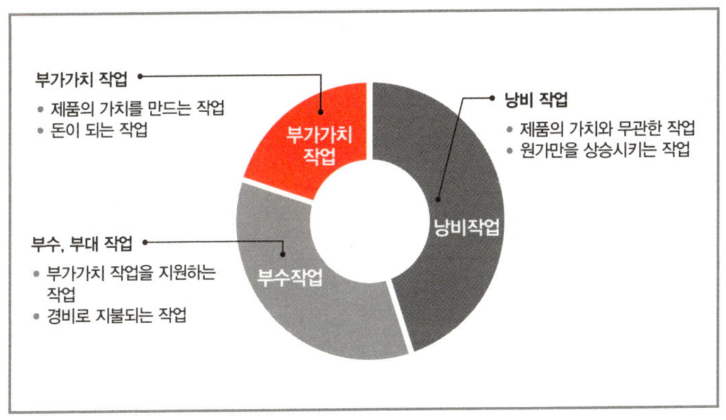

출처: 토요타

공부하면 가장 처음 접하게 되는 그림이다. 작업자의 시간을 의미가 있는 작업(부가가치 작업)과 부수 작업(작업자가 부품을 잡으러 가거나 조립하기 위해 움직이는 작업), 그리고 이외의 낭비 시간으로 나눈다. 토요타 생산 방식에서는 〈자료 3-3〉의 원그래프에서 부가가치 시간이 차지하는 비율을 올리기 위한 다양한 개선을 한다. 이런 토요타의 생산 철학도 실제 과거 헨리 포드가 만든 연속 흐름 생산, 그리고 GM에서 정립한 생산 관리 방식을 적극적으로 도입하면서 일본적인 상황과 자동차 산업의 진화에 맞춰가면서 진화, 발전한 것이다. 아마 토요타 생산 방식은 테슬라를 보면서 계속 진화하지 않을까?

테슬라가 과감한 발상으로 공장의 혁신에 대한 담론을 제기하자, 토요타가 이에 응답했다. 다른 내연기관을 중심으로 한 기존 메이커 중 가장 빨리 미래 전기차 공장의 콘셉트를 제시했다는 점에서 평가할 만하다. 끊임없는 역량 개선과 함께 생산성의 딜레마에 함몰되지 않겠다는 의지라고 생각할 수 있다.

생산은 수비, 개발은 공격

테슬라와 토요타 간의 경쟁을 생각해 보면 화려한 개인기로 공격을 해내는 팀(가령 브라질)과 철저하게 수비에 집중하는 팀과의 경기와 유사하다. 자동차 메이커 안에서 보면 새로운 상품을 기획하고 차량을 개발하는 부문은 축구에서 공격수(스트라이커)이고, 공장에서 일하는 사람은 수비수이다. 생산과 개발이 한 팀에서 일한다는 것은 결국 축구에서 수비와 공격수가 다 같이 공격하고 수비하는 토털 사커와 비슷하다.

테슬라는 자율주행/전기차라는 공격 무기를 가지고 시장을 공략하고 있고 이제 공장에서 혁신을 통해 수비를 보완하고 있다. 원래 수비가 강한 토요타는 개발 부문에 대한 정비가 필요하다.

테크니컬 워크숍에서 토요타는 〈자료 3-4〉와 같이 연구개

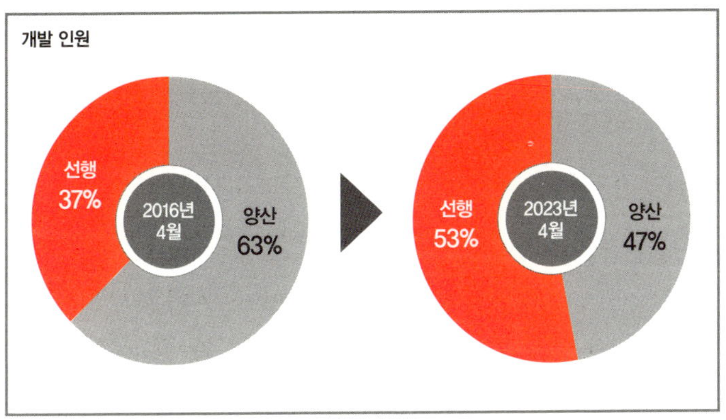

출처: 토요타

발 인력이 얼마나 변화하고 있는지를 공개했다. 2016년 토요타의 선행 연구와 양산 개발에 종사하는 인력 비율이 37 대 63이었다. 하지만 2023년에는 53 대 47로 변했다. 현재 판매하는 차량 개발 인력보다 미래 자동차의 기술 개발에 종사하는 인력이 더 많아진 것이다. 단지 인력만이 아니다. 전체 연구개발 비용의 45%를 선행 연구에 사용하고 있다(〈자료 3-5〉 참조). 자동차 산업 대전환기를 맞아 연구개발 인력의 전환을 이루어낸 셈이다.

자동차 산업의 대전환기 전기차 생산의 혁신적인 두 가지 사례가 우리 앞에 놓여 있다. 이것들이 가지는 의미를 보다 철저히 벤치마킹해서 전기차 공장의 혁신에 뒤처지지 않는 것이 한

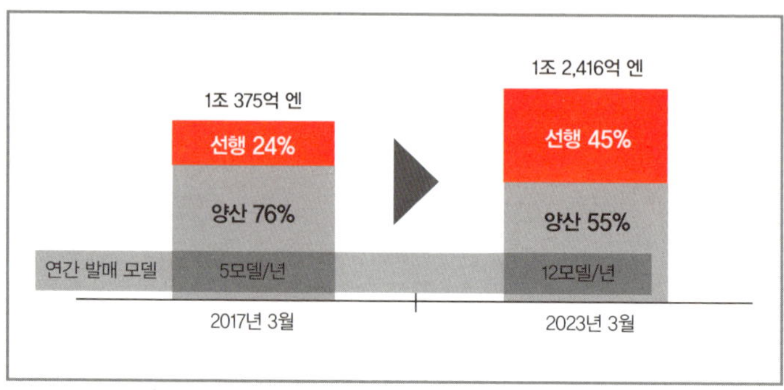

출처: 토요타

국 자동차 메이커의 급선무이다. 공격(배터리, 자율주행)도 중요하지만, 수비(공장, 생산성 혁신)도 잘해야 한다. 경기에 이기기 위해서는 골도 넣어야 하지만, 실점을 최소화해야 한다는 측면에서 차세대 공장의 혁신 또한 중요하다.

THE
SMART CAR
WAR

중국 자동차 산업,
폭풍 성장의 비밀

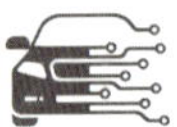

제조업 판도를 바꾼 디지털화

10년 전 중국 정부는 '중국 제조 2025' 산업정책을 발표하면서 2025년까지 제조 강국에 진입하고자 하는 목표를 세웠다. 공교롭게도 바로 이때 'MAGA(Make America Great Again, 미국을 다시 위대하게)'를 외친 도널드 트럼프가 미국 국민의 압도적인 지지 속에 백악관으로 돌아왔다. 한마디로 2025년은 '위대한 미국(MAGA)'과 '중국 제조 2025'가 정면으로 부딪치는 상징적인 해이다.

이미 미국은 반도체 산업을 중심으로 중국에 대한 봉쇄 작업에 들어갔다. 하지만 제조업의 가장 큰 비중을 차지하는 자동차 산업에서 중국의 굴기는 좀처럼 감당하기 힘들다. 2024년 자동차 판매량 기준으로 중국의 BYD가 글로벌 5위, 지리가 10위를 차지했다.

한편, 현대차그룹(이하 현대차)은 2024년에 730만 대의 차량을 판매해 글로벌 3위다. 하지만 현대차는 이미 2015년에 801만 대의 차량을 판매했고, 당시 글로벌 5위였다. 즉 10년간 자동차 산업이 성장했음에도 불구하고 현대차 판매 대수는 70만 대나 줄었지만, 순위는 5위에서 3위로 오르는 기현상이 발생한 것이다.

이것은 100만 대, 200만 대 규모의 자동차 메이커가 계속 생겨나고 있기 때문이다. 특히 중국은 이미 배터리 회사(BYD), 냉장고 부품사(지리), 휴대폰 회사(화웨이, 샤오미)가 자동차 산업에 진입하면서 자동차 산업 구도가 완전히 달라졌다. 도대체 중국 기업은 어떤 장점이 있기에 이렇게 다양한 회사가 자동차 산업에 진입하여 성공하고 있단 말인가?

중국 제조업의 특징과 중국 자동차 산업의 장점에 대해 먼저 살펴보자. 그리고 이와 경쟁하기 위해서 어떻게 해야 할지 생각해 보자.

필자는 2011년부터 베이징 현대자동차의 생산 시스템 최적화 프로젝트를 수행하면서, 3년에 걸쳐 매년 3~4개월가량씩 베이징을 비롯한 중국의 주요 공업 도시를 방문 조사한 적이 있었다. 당시 중국에서 택시를 이용하거나 식사할 때 현금만 있으면 큰 문제가 없었다.

그러나 2023년, 약 10년 만에 재방문한 중국은 전혀 달랐다.

과거와 달리 식사나 택시 이용 시 QR코드를 이용한 모바일 결제를 요구해서 필자는 적지 않은 어려움을 겪었다. 일본의 경제지 〈주간 동양경제〉는 2020년 10월 21일 호에서 '디지털 대국 중국'이라는 커버스토리를 통해 현대 중국을 이해할 수 있는 키워드로 '디지털화'를 제시했다. 기사에 따르면, 중국의 온라인 결제 이용률은 당시 이미 전체 결제의 85.7%에 달했다.

이런 디지털화는 중국 제조업을 이해하는 데도 중요하다. 디지털화가 제조업의 판도를 어떻게 바꾸는지를 CD-ROM의 예를 들어 설명하겠다.

우리가 어떤 제품을 만들 때는 동일한 치수로 만들고자 하지만, 실제로는 약간의 차이가 존재한다. 기계공학에서 이것을 공차(허용오차)라고 한다. 설계 도면에 가령 20±0.1mm라고 적혀 있으면 실제 제품은 20mm를 기준으로 19.9~20.1mm까지의 길이를 허용하고, 이 범위를 넘어가면 불량이다(〈자료 4-1〉(a)). 이 허용오차가 CD-ROM과 같은 정밀 기기에서는 무척 작다. 원래 CD-ROM은 1980년대 중반 소니와 필립스가 처음 개발한 제품이다. 초창기 CD-ROM의 조립 과정을 (〈자료 4-1〉(c))에 표시했다. 작업자가 부품 한 개씩 허용된 오차 범위 내에 들어가는지 확인하면서 정밀하게 조립해 완성품을 만든다. 숙련이 요구되는 작업으로, 엄격한 품질 관리 능력의 일

〈자료 4-1〉 허용오차와 CD-ROM의 디지털화

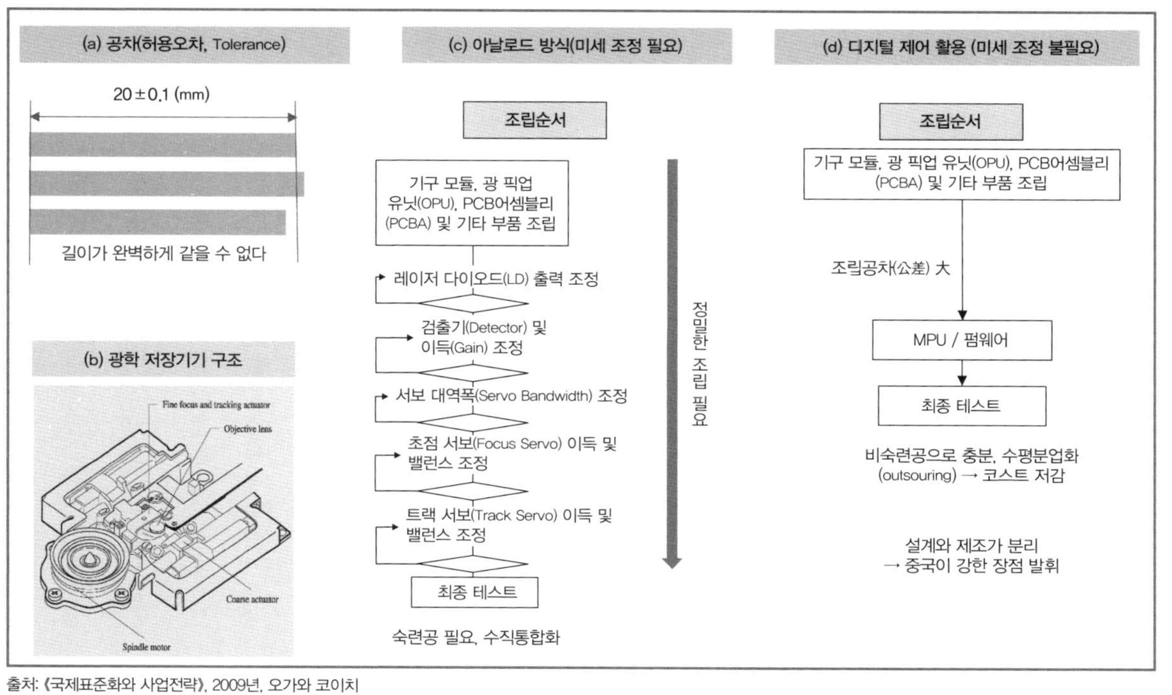

출처: 《국제표준화와 사업전략》, 2009년, 오가와 코이치

본이 이 산업을 주도했다.

그런데 1997년 설립된 대만 기업 미디어텍이 CD-ROM의 제조 방식을 근본부터 바꾸어 버린다. 미디어텍은 MPU(마이크로 프로세스 유닛)라는 반도체 칩에 CD-ROM에 들어가는 여러 부품을 제어할 수 있는 소프트웨어를 내장해 공급했다. 디지털화된 전자기기를 이용해 부품의 위치를 측정(센싱)하고, 만약 제 위치가 아니면 제어해서 수정하는 방식으로 변경되면서, 더 이상 부품을 정밀하게 조립할 필요가 없어져 버렸다. 결국 비숙련공이 CD-ROM을 조립해도 큰 문제가 없고, CD-ROM 메이커는 부품을 직접 만들지 않고 외부 업체에 맡겨 코스트를 낮췄다(〈자료 4-1〉 (d)). 학술 용어로 표현하면, '수직계열화'된 산업이 '수평 분업화'되었다. 이렇게 되자 중국 기업들이 본격적으로 자신들의 장점을 발휘해 CD-ROM 시장을 장악했고, 일본 기업은 몰락했다. 이와 같은 상황은 CD-ROM뿐만 아니라 DVD, HD-DVD와 같은 광학 저장기기에서 반복적으로 일어났다.

당시 일본 기업들은 어렵게 기술을 개발했는데도 불구하고 중국 기업이 빠르게 시장을 잠식해 나가는 이유를 알지 못했다. 후지쓰에 근무한 공학박사 오가와 고이치는 이에 의문을 가지고 정년 퇴임 후에 본격적으로 관련 연구를 진행해, 디지털화가 만들어 내는 제품 변화의 메커니즘을 발견하고 논문을 발표했다.

CD-ROM 사례에서 알 수 있는 것처럼 ①반도체 칩(여기서는 MPU), ②소프트웨어(여기서는 펌웨어), ③수평 분업화는 중국이 CD-ROM 시장을 석권할 수 있었던 원동력이다.

중국식 '유사 오픈 아키텍처'

중국 시장은 독특하다. 하나의 제품이 인기 있으면 많은 기업이 달려들어 따라 하고 베끼면서 비슷한 제품을 만들어 낸다. 그 속도도 빠르다. 이 과정에서 기업들은 다산다사(多産多死) 한다. 그래서 중국 기업을 단순히 복사품이나 만드는 수준이라 폄하하기 십상이다. 그러나 이런 폄하와 달리 중국 산업에는 그 나름의 메커니즘이 존재한다. 와세다대학의 후지모토 교수는 그의 저서 《모노즈쿠리》에서 이런 중국 산업을 '유사(Pseudo) 오픈 아키텍처'라는 용어로 설명했다.

오픈 아키텍처는 PC에서처럼 오픈된 시장에서 프린터, 모니터, 컴퓨터 본체와 같은 부품을 구입하여 업계 표준의 연결 방식으로 제품을 구성하는 방법을 말한다. 보통 자동차는 하나의 차량을 개발할 때 제품의 완성도를 올리기 위해 전용 부품을 만들어 사용한다. 하지만 모듈화 기질이 뛰어난 중국인은 제품의 완결성을 희생하더라도 어떻게든 부품들을 서로 연결해 제품을 만들어 낸다. 과거 중국의 어떤 자동차 메이커는 토요타의 차체에 미쓰비시의 엔진을 장착하여 차량을 판매했다. 또 어떤 자동차 회사는 하나의 차체에 토요타 엔진과 미쓰비시 엔진을 각각 장착하여 고객이 옵션으로 선택할 수 있도록 했다. 바로 이런 제품개발 방식을 유사 오픈 아키텍처라고 한다. 여기서 유사는 서로 비슷하지만, 진짜는 아니라는 의미이다.

중국은 여러 가지 부품을 연결할 수 있는 환경만 조성되면 순식간에 많은 기업이 나타나서 빠른 속도로 다양한 제품 배리에이션을 만들어 내는 특기를 가진 국가이다. 이 스피드에 적응하지 못하면 도태된다.

삼성전자가 중국 시장에서 밀려난 이유

이런 현상은 중국 스마트폰 시장에서 선명하게 드러난다. 대만의 미디어텍이라는 반도체 회사가 스마트폰의 두뇌에 해당하는 AP 반도체(Application Processor)를 저가로 만들어 응용 소프트웨어와 함께 제공했다. 이로써 과거에 비해 스마트폰에 들어가는 다양한 부품(가령 카메라, 와이파이, 배터리 등)들을 손쉽게 연결하여 전체 제품을 만들 수 있게 되었다. 그러자 스마트폰을 만드는 기업이 우후죽순처럼 생기고, 다양한 비즈니스 모델이 등장하면서 시장 판도가 바뀌었다. 원래 제품이 모듈화되면 개발 스피드는 빨라진다. 이 스피드에 적응하지 못한 삼성전자는 한순간에 중국 시장에서 신흥 스마트폰 제조사들에 밀려났다. 2013년 삼성전자의 시장 점유율은 20%로 1위였지만, 2018년 1% 이하로 추락했다.

중국 스마트폰에서 일어난 이런 변화를 칼럼니스트 천쇠이는 '미디어텍 모멘트'라고 불렀다. 참고로 반도체 분야에서는 미국 미시간대학의 콘웨이(Lynn Conway)와 미드(Carver Mead) 교수가 집적회로(VLSI) 설계 시에 디자인 룰을 설정한 이후 설계와 제조가 분리되었다. 이것을 '구텐베르크 모멘트'라고 한다.(《칩워》, 크리스 밀러)

과거 중국 스마트폰 시장에서 일어난 '미디어텍 모멘트'와 같은 현상이 중국 전기차 시장에서도 일어나고 있는 것이 아닌가 하는 생각이 든다.

중국 통신장비업체인 화웨이는 차량용 OS를 만들어 중국의 몇몇 자동차 메이커에 제공하기 시작했다. 어쩌면 중국 정부는

화웨이에 전기차 개발에서 뒤처진 중국 국영 자동차 기업을 소
프트웨어 측면에서 서포트하라는 임무를 맡겼을 수 있다.

중국 기업의 테슬라 따라 하기

자동차 산업은 전통적인 기계 산업이자 아날로그 산업이었다.
내연기관이라는 단어에서 알 수 있듯이 엔진은 실린더라는 한
정된 공간에 연료와 공기를 적절한 비율로 주입하고 연소시켜
발생하는 폭발력으로 자동차 바퀴를 돌린다. 물론 연비를 향상
하기 위해 연료를 분사하는 양, 점화하는 시기 등을 반도체 칩
을 사용해 정밀하게 제어하지만, 엔진이 갖는 복잡성으로 인해
여전히 많은 경험과 암묵적인 지식이 요구되는 장치다. 그래서
자동차 역사가 짧은 나라일수록 엔진 개발에 애를 먹는다. 한
국이 그랬고, 중국은 더더욱 그랬다.
　그래서 중국 정부는 자국 시장을 외국 기업에 내주면서 기술
을 배우는 정책을 펼쳤다. 구체적으로는 중국 기업과 외국 기
업 간에 50 대 50의 자본 비율로 합작사를 만들게 했다. 토요타
는 제일기차, 폭스바겐은 상하이기차와 합작사를 만들었다. 하
지만 좀처럼 중국 기업의 실력이 올라오지 않았다.

그런데 테슬라라는 회사가 나타났다. 이 회사는 내연기관 엔진이 없는 전기차를 만들고, 스마트폰과 같이 자동차에 사용되는 소프트웨어를 업데이트해서 자율주행 수준을 계속 향상시킨다. 즉, 테슬라 차량은 '전기차이자 스마트카'라는 개념이 동시에 존재한다. 전기차에 사용되는 모터의 설계는 엔진에 비하면 상대적으로 명시적이다. 즉, 엔진이 암묵지가 요구되는 아날로그 제품이라면, 모터는 명시적 지식으로 충분한 디지털 제품이다.

'스마트한 전기차(Smart Electric Vehicle, SEV)'를 들고나와 히트시킨 테슬라는 중국 자동차 산업의 구세주와 같은 존재였다. 테슬라의 기술 진보와 중국 자동차 산업의 도전을 연도별로 살펴보면 중국 자동차 메이커가 무모할 정도로 테슬라 따라 하기에 올인했다는 생각을 지울 수 없다.

소프트웨어 정의 차량, SDV

테슬라는 2008년 '로드스터'라는 고성능 전기차를 만들면서 주목받기 시작했다. 중국 정부는 2009년에 신에너지차(NEV)라는 새로운 용어를 만들면서 전기차에 정책적인 지원을 하기 시작한다. 여기서 NEV는 EV(전기차), PHEV(플러그인 하이브리드), FCEV(연료전지자동차)를 포함하는 개념이다. 중국 정부는 전기차에 대한 보조금을 지급하기는 했지만, 실제 판매가 극적으로 올라가지는 않았다(0.53만 대(2009년)→0.7만 대(2010년)→0.8만 대(2011년)).

2013년 테슬라가 운전자 보조 장치(Advanced Driver Assistance System, ADAS)인 오토파일럿 개발 계획을 발표하고 2014년에 차량에 장착한다. 여기서 ADAS는 차선 이탈 경고와 같이 운전자를 보조한다. 테슬라 차량은 컴퓨터처럼 차량에 고성능 반도체 칩을 탑재하고 필요로 하는 기능을 소프트웨어로 구현하면서 무선으로 SW를 업데이트하는 차량으로 진화했다. 즉 테슬라는 지금 한국 자동차 산업에서 화두가 된 '소프트웨어 정의 차량(Software Defined Vehicle, SDV)'을 만들었다(7장 '소프트웨어가 삼켜버린 자동차, SDV' 참조).

자동차에서 소프트웨어가 중요한 위치를 차지할 것으로 직감한 중국 기업들은 발 빠르게 움직였다. 2014년 알리바바와 상하이기차가 합작해 '인터넷 자동차'라는 신조어를 만들어 가면서 테슬라와 같은 '스마트 차량' 개발에 도전한다. 전통 자동차 메이커와 IT 기업 간의 분업화된 비즈니스 모델이다. 당시 상하이기차의 정보 시스템 책임자인 장신취안은 차량 개발 컨퍼런스에서 "이제 소프트웨어 정의 차량, SDV의 시대에 들어 갔으며, 고객에게 더 많은 서비스를 제공하겠다"라고 연설했다. 즉, 중국은 2014년부터 SDV라는 단어를 사용하면서 테슬라 기술을 추격하기 시작했다.

전기차 시장에 뛰어든 IT 기업과 엔지니어들

그리고 2016년에 로위(ROEWE)는 RX5라는 차량을 출시한다. 로위는 비록 내연기관을 동력원으로 하는 차량이기는 하지만 알리바바가 만든 Yun OS를 탑재하여 소프트웨어 무선 업데이트(Over-The-Air, OTA)가 가능하며 음성인식, 인터넷 스트리밍 서비스를 제공했다.

그리고 화웨이, 텐센트와 같은 중국 IT 기업이 자동차 메이커와 합종연횡하는 형태로 자동차 관련 비즈니스를 전개하기 시작한다. '신흥 전기차 3인방' 니오와 샤오펑이 2014년에, 리오토가 2015년에 자동차 산업에 뛰어든다. 이 회사의 창업자는 모두 IT 관련 기업에 종사하다가 전기차 시장에 뛰어들었다는 공통점이 있다.

이처럼 차량이 전기차로 디지털화되고 소프트웨어를 통해

스마트화가 이루어지자, NEV 판매가 점진적으로 늘어나기 시작한다(9만 대(2015년)→19만 대(2016년)→38만 대(2017년)). 2016년 한국 정부가 국가 방위를 위해 사드 미사일을 배치하자, 중국 정부가 반발하고 중국 내 반한 정서가 일어나면서 현대차의 점유율이 떨어졌다. 지금 돌이켜보면, 어쩌면 중국은 테슬라를 새로운 롤 모델로 삼았기에 사드를 핑계로 그전까지 롤 모델이었던 현대차를 버렸을 수 있다.

이후 중국 정부는 테슬라가 중국 내에 공장을 짓도록 유치 작업을 펼친다. 중국 정부는 테슬라에게 100% 단독 출자해 회사를 설립할 수 있는 특혜를 준다. 상하이 자유무역구에 부지도 제공한다. 테슬라는 중국 정부의 지원을 받아 2019년 1월에 공장 건설을 시작, 2020년 1월에 첫 차를 인도한다.

이 과정에서 테슬라는 중국 현지 부품사를 새로 육성하면서 중국 전기차 시장에 활력을 불어넣었고, 중국 자본의 전기차 메이커를 자극했다. 경영학에 '메기 효과'라는 게 있다. 한정된 시장에 강력한 경쟁자를 활용하여 혁신을 만들어 내는 것을 의미한다. 테슬라는 중국에서 메기 역할을 충실하게 수행했다. 결국 테슬라의 상하이 공장이 기폭제가 되어 NEV 판매가 폭발적으로 성장한다(112만 대(2019년)→118만 대(2020년)→312만 대(2021년)→598만 대(2022년)).

중국 자동차 산업은 시장 규모가 크기 때문인지 한국과 많은 부분에서 다르다. 먼저 차량 개발 측면에서 살펴보자. 최근 샤오미가 SU7이라는 차량을 출시해 상당한 인기를 끌고 있다. 당시 많은 언론은 샤오미라는 IT 기업이 최고 수준의 차를 단기간에 개발하고 공장까지 운영한다는 데 놀랐다. 그래서 한국 미디어는 샤오미가 직접 공장을 만든 것이 아니라, 베이징기차에 위탁 생산한다는 오보를 하기까지 했다. 하지만 이것은 중국 자동차 산업이 얼마나 수평 분업화되어 있는지 몰랐기 때문이다.

샤오미의 기술 개발 책임자인 후자오난의 이력을 살펴보자. 그는 1975년생으로 난징항공항천대학을 졸업하고 1997년부터 상하이기차의 엔지니어로 근무했다. 이후 2000년에 자동차 설계 회사인 상하이링창 유한회사를 설립했다. 이곳에서 그는 BYD의 F3 같은 중국에서 상당히 알려진 차량의 개발 업무에 참여했다. 2012년에 지리자동차로 스카우트되어 2016년 연구소장으로 승진한 그는 지리의 독자적인 차량 플랫폼 SEA(Sustainable Experience Architecture) 개발 업무에 참가하면서 중국 자동차 산업의 핵심 인물로 성장한다. 그리고 2021년 6월 샤오미로 회사를 옮겨 SU7 차량 개발에 참여한다. 참고로 지리자동차에서 SEA 플랫폼 개발 책임자는 켄트 보벨란이다. 그는 스웨덴의 사브, 볼보, 포드에서 일을 했었고, 일본의 마쓰다에서도 근무한 경력이 있는 40년 경력의 베테랑이다. 볼보의 CMA(Compact Modular Architecture)의 개발 책임자였고, 지리의 요청을 받아 2017년 중국으로 이주하여 SEA 개발을 리드했다.

후자오난, 켄트 보벨란의 경력을 보면 알 수 있는 것처럼, 한국, 일본과 달리 자동차 엔지니어는 여러 회사를 옮겨 다닌다. 그래서 기술의 상향평준화가 빠르다. 이런 현상은 비단 고급 기술자만의 이야기가 아니다. 젊은 기술자들도 마찬가지다. 중국에는 몇 년간 한 회사에 근무하다가 타사로 이직하면서 연봉을 올려 나가는 문화가 있기에, 각 회사는 오히려 이런 상황을 염두에 두고, 회사가 가지고 있어야 할 노하우를 관리하는 방안을 강구한다.

필자는 2024년 8월 나고야대학 전기공학과의 야마모토 마사요시 교수와 인터뷰를 한 적이 있다. 그는 교수임에도 불구하고 다양한 중국 전기차를 분해, 분석한 사람이다. 그의 의견에 따르면 중국 전기차를 분해해 보면 회사가 다르더라도 눈에 보이지 않는 부분에서 비슷하게 설계해 놓은 곳이 많다고 한다. 아마도 중국 엔지니어의 회사 이동이 많기 때문일 것이다.

여담이지만, 중국의 BYD는 한때 휴대폰 배터리를 위탁 생산하는 사업을 시작하면서 경쟁사인 폭스콘의 모든 직급의 직원을 뽑아오는 전략을 펼친 적이 있다. 이런 전략 덕분에 BYD는 휴대폰 배터리 시장 진입 2년 만에 노키아와 모토롤라 같은 글로벌 고객으로부터 수주받을 수 있었다. 이런 행위는 스파이 활동이라고 볼 수도, 또는 '고용을 통한 학습'이라고 볼 수도 있다. 어찌 됐든 BYD는 목표 달성을 위해 악착같이 행동하는 기업임은 틀림없다(콜롬비아대학 비즈니스스쿨, 케이스 스터디, 2009, 〈Foxconn vs BYD: 스파이 행위인가, 고용을 통한 학습인가?〉).

'셀 생산 방식' 혁신 공장

생산 측면에서는 중국 텐진에 있는 'AE Corp(Automotive Engineering Corporation)'라는 회사를 살펴볼 필요가 있다. 이 회사는 자동차 공장을 설계하고 건설하는 전문 엔지니어링 회사다. 완성차 메이커의 의뢰를 받아 고객의 요청 사항에 맞는 자동차 공장을 만들어준다. 제2장에서 언급한 테슬라의 언박스드 프로세스를 이루는 주요 설비 또한 AE Corp에서 제작했다.

필자는 2023년 말에 AE Corp를 방문해서 그곳에서 설계한 여러 공장에 대한 브리핑을 들을 기회가 있었다. 당시 소개받은 내용 중 흥미로웠던 것은 '상하이-GM-우링SGMW'이라는 자동차 메이커의 셀 생산 방식의 공장이었다. 셀 생산 방식이란 공장에서 컨베이어 벨트를 없애고 소수의 작업자가 소규모 작업장(셀)에서 여러 가지 작업을 수행하는, 다품종 소량 생산에 적합한 생산 방식이다. 현대차가 싱가포르에 만든 혁신 공장, 토요타의 GR야리스팩토리'도 모두 셀 생산 방식 방식이다. 하지만, 한·중·일이 비슷한 시기에 비슷한 고민을 하면서 셀 생산 방식으로 운영되는 혁신 공장을 선보였다. 현대차는 자동차를 많이 추구하는 방식이라면 토요타는 작업자 중심으로 운영되는 공장이다.

자동차의 IT화 측면에서 수평 분업화의 일익을 담당하는 곳이 화웨이다. 화웨이는 자동차가 스마트카로 전환되고 있는 지금, 관련된 에코시스템 전체를 장악하는 것이 목표인 것 같다. 화웨이의 사업 모델은 크게 세 가지다. 화웨이는 ①스마트카에 들어가는 각종 부품을 개발해 판매하는 1차 부품사 역할을 한다. ②'화웨이 인사이드'라는, 스마트카에 필요한 여러 가지 솔루션을 완성차 메이커에 제공한다. ③직접 자동차 개발팀을 완성차 메이커에 보내 차량 개발을 진두지휘한다. 화웨이는 이런 사업 모델을 HIMA(Harmony Intelligent Mobility Alliance)라고 하는데, 다른 자동차 메이커와 합작 브랜드를 만들어서 마치 과외선생처럼 자동차의 디지털화에 뒤처진 회사들을 끌어가고

　　　　　　　　　　　　　　　　　스마트카 패권 전쟁

있다.

위에 열거한 것처럼 중국이란 단일 국가에서 연간 3,000만 대의 자동차를 생산하고 소비하고 있기에 중국 자동차 산업은 한국과 무척 다르다는 점을 명심할 필요가 있다.

간이침대 놓고 일하는 SW 개발자들

이상에서 최근 중국의 자동차 산업이 빠르게 발전하는 이유를 산업 구조적인 측면에서 살펴보았다면, 이제 기업 내부를 살펴보자. 스마트한 자동차 개발에서 경쟁력을 확보하기 위해 지금 중국의 자동차 기업은 상당히 무리해 가면서 차량 개발에 매진하고 있다. 〈자료 4-2〉는 중국 자동차 메이커의 한 달 평균 잔업 시간을 나타낸 표다. 이 데이터를 보면 IT에 기반을 두었다가 자동차 산업에 뛰어든 전기차 신흥 기업인 니오, 리오토, 샤오펑의 잔업 시간은 한 달에 70~100시간에 달한다. 외국 합작사와 비교하면 상대가 되지 않을 정도로 근무 시간이 많다. 이것은 비단 자동차 회사뿐만이 아니다.

필자는 일본 자동차 전문가들의 연구 모임에 월 1회 참가하고 있다. 그곳에서 텐센트라는 IT 기업의 소프트웨어 개발자들

		0~20	20~40	40~70	70~100
중국 신흥 메이커	NIO				■
	Li Auto				■
	Xpeng				■
	Leapmotor			■	
중국 전통 메이커	장성기차				■
	지리기차			■	
	체리(Chery)기차			■	
	BYD		■		
중국 현지법인	독일 VW	■			
	미국 포드	■			
	토요타	■			
	혼다	■			

출처: Alix Partners Consulting Firm, 〈닛케이 비즈니스〉 2024년 10월호

이 일하는 사무실 모습이 담긴 사진을 본 적이 있다. 소프트웨어 개발자의 책상 바로 옆에는 간이 접이식 침대가 있고 먹을거리도 있었다. 중국이 자랑하는 인해전술, 바로 그 자체였다. 왜 이렇게 중국 자동차 기업들은 초조해하는가? 일반적으로 중국 정부가 자동차 기업에 많은 보조금을 지급한다고 알려졌지만, 그렇다고 모든 회사가 살아남을 수 있는 것은 아니다. 중국 기업의 생존을 위한 경쟁 강도가 우리의 상상을 뛰어넘는 것 같다.

작금의 중국 자동차 개발 속도는 초스피드라는 말로도 부

족하기에 폭속개발(爆速開發)이라고 부른다. 폭탄이 터지는 것과 같은 스피드와 파괴력을 동시에 가지고 있다는 의미다. 가령 BYD는 2020년부터 차량을 개발하는 기간(풀모델 체인지 기준)을 종래 2년에서 이미 1년 6개월로 단축하는 작업을 했다. 중국 기업은 자동차가 디지털화되면서 개발 완성도보다는 새로운 기술을 빨리 도입해서 시장에 내놓는 방식을 채택하고 있다. 2024년 11월 일본 닛산은 실적이 부진하여 9,000명의 인력을 줄이겠다고 발표하면서, 현재 50~60개월 걸리는 차량 개발 기간을 30개월로 줄이겠다고 했다. 중국 기업과 얼마나 차이가 나는지는 굳이 설명할 필요가 없다. 결국 경쟁 구도 속에서 도태되는 기업은 나름의 이유가 있다.

중국 기업은 '폭속개발'을 위해 이미 언급한 것과 같이 소위 엔지니어를 '갈아 넣고' 있다. 한편, 과감하게 신규 기술을 도입하는 방식 또한 병행한다. 대표적인 것이 생성형 인공지능을 활용한 자동자의 초기 콘셉트 단계에서의 디자인 기간 단축이다.

과거 자동차를 디자인하는 일은 사람의 경험과 능력에 많이 좌우됐다. 그래서 디자인의 다양성을 확보하기 위해 많은 디자이너를 채용했고, 또 각자 만들어 낸 디자인 안을 서로 경쟁시켜서 최종적으로 살아남는 디자인 안을 채택하는 방식을 사용한다. 이 방식은 디자이너에게 상당한 수준의 숙련도를 요구하며 기간도 길다.

하지만 지금은 생성형 AI를 이용하면, 소수의 디자이너가 짧은 기간 내에 다수의 디자인 안을 만들어 낼 수 있다. 그리고 특정 잠재 고객에 적합한 디자인을 끌어낼 수도 있다. 결국 생성형 AI에 의해 디자이너는 디자인 숙련도보다 고객에 대한 높은 이해도가 요구되며, 또 AI를 통해 디자인 안을 더 잘 끌어내는 능력이 중요하게 되었다.

차량의 디지털화 및 이와 같은 혁신으로 손익분기점에 해당하는 모델당 생산 대수도 줄어들고 있다. 중국 자동차 산업에 정통한 일본 전문가의 논문에 의하면 현재 잘나가는 중국 자동차 기업의 모델당 손익분기점이 10만 대 수준으로 떨어졌다고 한다(《外交》 Vol.87, Sep/Oct 2024).

도전 정신 사라진 한국 자동차 산업

중국 자동차 산업은 외국 차량을 모방하는 것에서부터 시작했다. 이후 스마트폰의 배터리를 만드는 BYD가 배터리를 더 많이 사용하고 싶어 PHEV(플러그인 하이브리드)를 만들었다. BYD가 PHEV라는 동력원의 차를 처음 만들었기에 관련 부품을 만들어줄 곳이 없었다. 그래서 BYD는 직접 부품까지 개발해야 했다.

지금 자동차 산업 전문가들이 BYD는 부품까지 다 만들어서 차량에 공급하는 것이 강점이고 원가 절감을 할 수 있는 원인이라고 분석한다. 사실은 순서가 반대다. 하다 보니 부품까지 만들었고, 부품까지 만들다 보니 나름의 장점이 있어 계속 확대한 것뿐이다.

그리고 테슬라라는 회사가 나타나자, 화웨이와 샤오미가 회사의 명운을 걸고 자동차 산업에 진출한다. 중국 정부가 자국 자동차 산업을 키우기 위해 엄청난 지원을 한 것도 사실이지만, 자동차 산업의 변화에 맞춰 도전하는 기업이 있었고, 또 파산하는 기업도 많았다. 한때 삼성이 자동차 사업을 시도하다가 좌절된 기억이 주술처럼 작용해 자동차 산업의 다이나믹스가 사라진 한국과 대조된다.

지금 중국 자동차 시장은 전기차 판매가 증가하고 특히 최근에는 PHEV의 판매가 증가하고 있다. 반대로 한국·일본·미국은 전기차 판매는 주춤하고 하이브리드 자동차가 더 많이 늘어나고 있다.

한때 월드카라는 개념이 있었다. 하나의 차종을 전 세계에 팔겠다는 전략을 말한다. 지금은 반대로 지역별로 선호하는 동력원이 다르다. 앞으로 또 어떻게 달라질지 모른다. 중국 기업이 전기차 판매에 주력해 왔지만, 소리 소문 없이 엔진 기술을 개발해 전기차의 배터리를 충전하는 용도로 사용하고 있다. EREV(Extended-Range Electric Vehicle, 주행 거리 연장형 자동차)가 바로 그것이다.

지금 자동차 산업을 보고 있노라면, 미국의 컴퓨터 과학자인 스탠리와 레먼의 《왜 위대한 것은 계획되지 않는가(Why Greatness Cannot Be Planned)》라는 책이 떠오른다. 저자들은 "목표를 너무 구체적으로 잡을 경우, 예상하기 힘든 상황에서 새로운 탐험과 시도를 하기 힘들다"라고 주장한다.

이 말은 지금 독일 자동차 메이커에 가장 잘 들어맞는 말인 것 같다. 독일 기업들은 재생 에너지의 미래를 너무 긍정적으로 보고, 그에 맞춰 자동차 산업의 미래를 너무 구체적으로 그렸다. 하지만, 이 계획이 무산되자 가장 큰 어려움을 겪고 있다.

필자가 어느 모임에서 한국 자동차 메이커에 부품을 납품하는 일본인 기술자를 만난 적이 있다. 그의 의견에 따르면 과거 일본 자동차 메이커가 의사 결정이 느렸지만, 지금은 많이 개선되었다고 한다. 반면 한국의 기업은 과거 대비 점점 의사 결정이 느려지고 있다며 답답함을 토로했다. 의사 결정을 하지 않는 것은 잘못된 의사 결정을 하는 것보다 나쁠 수 있다.

　　　　　　　　　　　　　　　스마트카 패권 전쟁

5장

BYD의 반격

동아시아판 자동차 삼국지

자동차 산업 100년 만의 대변화에 돌입한 이후 모든 것이 혼란스러워졌다. 기존 자동차 메이커는 전기차만 만들고 내연기관차를 포기해야 할지, 아니면 전기차, 내연기관차, 하이브리드차를 모두 만들어야 할지 우왕좌왕했다. 각국 정부는 변덕스러운 정책을 만들어 냈고, 미디어는 극단적인 논조로 이 혼란을 가중시켰다.

이러한 가운데 서서히 경쟁 구도가 그 윤곽을 드러내고 있다. 기존 자동차 메이커의 대표 주자인 일본의 토요타는 사장을 교체하고, 전기차 경쟁에 본격적으로 나서고 있다. 중국에서는 수많은 자동차 기업을 누르고 BYD라는 기업이 중원을 장악했다.

테슬라에 의해 촉발된 전기차라는 회오리바람은 이제 동아시아 자동차 산업에 있어 새로운 대결 양상을 만들어 내고 있다.

과거 자동차 산업은 유럽과 미국의 산업이었다. 하지만 1970년대 일본 자동차 업체가 도약했고, 2000년대에는 현대차가 글로벌 기업으로 성장했다. 그리고 마지막으로 BYD가 중국 자동차 대표 주자로 등장하면서, 현대차, 토요타, BYD라는 동아시아판 자동차 삼국지의 주인공이 모두 정해졌다. 이제 남은 것은 경쟁뿐이다.

5장에서는 중국 자동차 시장의 변화와 BYD라는 회사에 대해 먼저 살펴본 후 토요타가 이런 BYD와 어떻게 협력하고 있는지를 살펴보자.

완강과 전기차 대전환

중국 정부는 자국 산업 발전을 위해 외자 기업이 중국 시장에 들어올 경우 사국 메이기기 기술과 공장 운영 능력을 배울 수 있게끔 정책을 펼쳐왔다. 그래서 외국 자동차 메이커가 중국에 공장을 세우기 위해서는 반드시 중국 기업과 50 대 50의 자본 비율로 합작사를 설립해야 한다. 중국의 전통적인 자동차 메이커인 제일기차는 일기VW, 일기토요타라는 합작사를 만들었고, 상하이기차는 상하이VW, 상하이GM이라는 합작사를 만들었다.

'중국 전기차의 아버지'로 불리는 완강 중국과학
기술협회 주석

〈자료 5-1〉 완강 중국과학기술협회 주석

여기서 기차(氣車)는 중국어로 자동차를 의미한다. 한마디로 시장을 줄 테니 기술을 달라는 정책이다.

하지만, 이 정책만으로 제일기차, 상하이기차와 같은 중국 고유 브랜드의 자동차 메이커가 성장하기는 어려웠다. 자동차 산업을 발전시키기 위해서는 엔진 개발이 필수적이지만, 중국 기업은 경쟁력 있는 엔진을 만들어 낼 수 없었다. 기술력을 확보하지 못한 상태에서 시장만 내준 꼴이었다.

한편, 2001년 완강이라는 인물이 등장한다. 그는 1952년생으로 둥베이임업대학에서 도로교량학과를 졸업하고, 퉁지대학에서 구조역학으로 석사 학위를 받은 뒤 대학에 남아 계속 연구를 진행하고 있었다. 때마침 퉁지대학에 객원교수로 와 있던 독일인 교수가 그의 실력을 알아보고 독일로 초청했다. 그래서 완강은 독일 클라우스탈대학으로 유학, 자동차 소음을 줄이는 연구를 하여 기계공학 박사 학위를 받았다. 이후 그는 1991년부터 아우디에서 엔지니어로 일하면서 대학에서 시간 강사로 학생을 가르쳤다.

중국 정부는 독일 자동차 메이커에서 일하고 있는 완강이란 인물에 주목하고 귀국할 것을 설득했다. 결국 2001년 그는 모교인 퉁지대학으로 자리를 옮겼고, 중국 정부가 추진하는 중국 하이테크 기술 연구 발전계획(일명 '863 계획')의 자동차 부문 리더가 되어 중국 자동차 산업의 발전을 위한 전략을 짜기 시작했다. 여기서 '863 계획'은 86년 3월에 발족한 정책이기에 붙여진 이름이다. 이후 완강은 2007년 비공산당원이면서 처음으로 중국 과학기술부장(장관직에 해당)으로 발탁되어 2018년 3월까지 재임했다.

완강은 중국 자동차 산업을 발전시키기 위해 자동차 산업 구조를 전기차로 대전환하는 정책을 펼쳤다. 이렇게 하면 중국 경제를 성장시킬 수 있고 중국의 석유 수입 의존도를 줄일 수 있으며, 환경오염을 감소시킬 수 있다고 생각한 것이다. 그의 정책에 따라 중국 정부는 전기차에 막대한 보조금을 지급하고 내연기관 차량 구입에 제한을 가했다. 결국 이 정책이 실효를 거두어 중국 브랜드의 시장 점유율이 38.4%(2020년)→49.9%(2022년)→56.0%(2023년)→65.2%(2024년)로 증가했다. 이제 중국 고유 브랜드가 외국 합자 브랜드를 압도하고 있다. 중국인은 완강을 '중국 전기차의 아버지'라 부른다.

한편, 미국에서는 전기자동차 메이커인 테슬라가 2017년 대중용 전기차인 '모델3'을 출시하고 본격적으로 생산량을 확대했다. 같은 해에 테슬라는 중국 정부와 현지 생산을 위한 교섭을 했다. 당시 외자 메이커는 반드시 중국 메이커와 합작 형태를 가져야 공장을 세울 수 있었다. 하지만 테슬라는 단독 브랜드로 차량을 만들 것을 고집했다. 결국 중국 정부는 테슬라의 요구를 들어주었다. 테슬라는 2019년 1월 상하이에 공장을 짓기 시작하여 불과 1년 만에 양산에 들어갔다. 그리고 2020년 1월 '모델3' 납차 이벤트를 열었다. 이때 일론 머스크는 단상에서 '모어 댄 유 노우(More than you know)'라는 노래에 맞춰 전설적인 막춤을 추었고 중국인은 환호했다.

테슬라의 메기 효과

왜 중국 정부는 테슬라에 특혜를 베풀었을까? 중국 자동차 산업 전문가인 탕진은 '메기 효과'를 만들어 내기 위해서라고 그의 저서에서 주장한다(《중국의 CASE 혁명 2035년 모빌리티 미래도》, 2021년, 일본경제신문 발간).

여기서 잠깐, 메기 효과의 의미를 살펴보자. 북유럽의 어부들이 먼바다에서 잡은 청어를 수조에 넣어 항구로 실어 왔는데, 항구에 도착할 때쯤 청어는 대부분 죽어 있었다. 이에 노르웨이의 한 어부가 청어의 천적인 메기를 수조에 넣었다. 긴장한 청어는 열심히 움직였기에 항구에 도착할 때까지 살아 있었고, 어부는 비싼 값에 청어를 팔 수 있었다. 메기 효과란 한정된 시장에서 경쟁이 사라지면 기업이 느슨해지기에 강력한 경쟁자를 활용하여 혁신을 만들어 내는 것을 의미한다.

중국 정부는 테슬라를 메기로 활용했다. 테슬라는 중국 전기차 시장에 활력을 불어넣었고, 전기차 메이커를 자극했다. 그리고 중국 현지 부품사를 새로 육성했다. 즉 전기차의 설계와 제조 현지화를 통해 중국 내에 전기차 부품 공급망을 새로 구축한 것이다. 그래서 중국에서 만드는 '모델3'의 원가는 미국보다 20% 싼 것으로 알려져 있다.

이즈음 공교롭게도 코로나19로 인해 중국의 출입이 제한되면서 자동차 산업 전문가들은 중국 자동차 산업의 변화를 제대로 알아차리지 못했다. 단지 수치상으로만 외국계 브랜드(독일, 일본 등)의 시장 점유율이 떨어지고 있다는 사실을 확인할 뿐이었다. 중국의 봉쇄가 끝나고 처음 열린 2023년 상하이 모터쇼에서 자동차 업계 관계자들은 모두 놀랐다. BYD와 같은 중국 브랜드의 차량 수준이 놀라울 정도로 올라가 있었기 때문이다.

테슬라라는 메기는 중국의 전기차 메이커만 잠에서 깨운 것이 아니라, 중국이란 거대한 수조 전체를 요동치게 만들었다. 화웨이 같은 통신회사, 샤오미 같은 휴대폰 메이커까지 전기차 산업에 뛰어들기 시작했다. 그리고 이런 경쟁 속에서 2023년 BYD는 중국 자동차 시장에서 1위(글로벌 톱10)의 메이커로 등극하게 되었다. 이제 중국 자동차 시장의 판도는 이전과 완전히 달라졌다.

BYD 창업자 왕촨푸

한때 현대차가 급성장하면서 연일 전 세계 자동차 시장에서 주목받던 시기가 있었다. 전 세계 곳곳에 매년 공장을 짓고 수출량을 늘렸다. 현대차는 개발도상국 자동차 메이커 중 처음으로 글로벌 톱5에 올랐다(2010년, 574만 대 판매). 그리고 2014년에는 800만 대 판매를 돌파했다. 당시 자동차 업계에서 현대차는 두려움의 대상이었다. 지금 BYD는 기세 좋던 과거의 현대차와 너무나 닮아있다. 기본적으로 창업자의 입지전적인 스토리가

비슷하다.

BYD 회장 왕찬푸는 1966년 안후이성의 벽지에서 2남 6녀 중 7번째로 태어났다. 아버지는 농부로 그의 집은 가난했다. 1979년 왕찬푸가 13세가 되던 해에 아버지는 암으로 세상을 떠났다. 18세인 형(왕찬팡)이 학업을 중단하고 생활전선에 뛰어들었다. 2년 후엔 어머니마저 사망했다. 끝이 보이지 않는 가난 속에서도 형은 동생인 왕찬푸에게 아무리 힘들어도 공부를 계속해야 한다고 설득했다. 평소 라디오를 좋아했던 그는 1983년 대입 시험 당시에, 허페이 공업대학에서 무선전공 학과를 지망했다. 하지만, 낙방하였고, 이전에 생각해 본 적 없는 중난공업대학에서 야금물리화학을 전공하면서 배터리를 공부했다. 형은 동생의 입학금을 마련하기 위해 아내의 패물을 팔았고 동생을 위해 대학 근처로 이사까지 했다.

그는 대학을 수석으로 졸업한 후 1987년 베이징 비철금속연구원에서 석사 과정을 밟았다. 졸업 후에는 같은 학교 산하의 301 연구소에서 근무했다(당시 중국 정부는 국유연구소의 이름에 설립 순서에 따라 번호를 붙였다). 그는 301 연구소에서 신형 배터리 개발 프로젝트를 성공시켜 26세의 젊은 나이에 연구소의 2인자로 승진했다. 27세 때인 1993년 왕촨푸는 301 연구소가 선전시에 설립한 비거전지유한공사의 대표로 취임했다.

1994년 왕촨푸는 일본이 환경 보호를 위해 전통적인 니켈-카드뮴 배터리 생산을 중단한다는 뉴스를 접하고 이것이 큰 기회라고 생각했다. 그는 301 연구소에 니켈-카드뮴 배터리 생산을 제안했다. 그는 먹고사는 문제가 급한 중국에서 환경은 고려 대상이 아니며 휴대폰 시장이 급성장할 것이라고 믿었다. 하지만 연구소는 그의 제안을 거절했다. 왕촨푸는 회사를 그만두고 28세의 나이에 사업을 시작했다. 이런 이유로 설립된 회사가 배터리 전문 제조업체 BYD다.

28세에 창업, 10년 뒤 글로벌 회사로 성장

설립 당시 인원은 10명에 불과했다. 자본이 부족하여 비싼 기계보다 저임금 근로자를 고용해 배터리를 생산하며 사업을 확장했다. 때마침 1997년 아시아 외환위기로 배터리 가격이 폭락하자 일본 배터리 회사들은 손익을 맞추지 못하고 감산했다. 하지만 저렴한 원가 경쟁력을 갖춘 BYD는 오히려 생산량을 늘려 필립스, 파나소닉 등 일본 대기업에 납품하면서 글로벌 회사로 성장했다. 2003년, 창업 10년 만에 BYD는 일본 산요를 제치고 니켈-카드뮴 배터리 부문에서 세계 1위를 차지했다.

배터리 사업을 진행할 때 왕촨푸의 생산 철학은 유명하다. 창업 초기에 왕촨푸는 대신 "사람+지그=로봇"이라는 공식을 만들었다. 로봇이 필요한 공정을 세분화하여 사람이 일할 수 있도록 했다. 그리고, 사람이 하면서 생길 수 있는 작업 오차를 지그(Jig)라는 긴단한 고정 장치 등을 이용하여 줄이도록 했다. 핵심은 "값비싼 로봇을 구입하는 대신 지그를 활용하여 사람을 '로봇처럼' 쓰는" 저비용 혁신이다. 그 결과 BYD는 니켈계 배터리 라인을 구축했을 때 고정 투자 비용이 일본식의 1/15~1/10 수준에 그쳤다. 지그 표준화와 라인 개조를 반복하며 품질도 빠르게 안정시켰고, 이때 축적한 공정 설계·개조 능력은 훗날 BYD의 수직계열화(내재화) 경쟁력으로 이어졌다. 로봇보다 싸고, 사람보다 정밀한 길을 BYD 방식으로 찾아낸 셈이다.

BYD, 배터리 회사에서 자동차 회사로

왕촨푸의 성공은 배터리에만 머물지 않았다. 그는 일찍부터 전자 부품 및 제조 서비스 분야로 사업을 확장하며 BYD의 또 다른 성장 동력을 마련했다. 1999년 자체 부품 생산 조직 설립을 시작으로, 2002년 정식 사업부로 출범한 BYD 전자(BYD Electronics)는 그룹의 숨겨진 핵심 역량으로 자리 잡는다. 초기에는 그룹 내 배터리 사업부에 부품을 공급했지만, 빠르게 LCD, 광전자 부품 등으로 영역을 넓혔고, 곧 EMS(전자 제품 제조 서비스)와 휴대폰/노트북 ODM(제조업자 개발 생산)까지 아우르는 종합 전자 제조기업으로 성장했다. 2006년에는 이미 그룹 전체 매출의 40%를 차지할 정도로 핵심 사업이 되었다.

BYD 전자는 8,000명 이상의 공정 엔지니어, 1,500명 이상의 제품 설계팀, 1,500명 이상의 금형 개발팀, 800명 이상의 스마트 제조팀 등 대규모 기술 인력이 포진한 거대 조직으로, 스스로 '플랫폼형 고급 제조기업'으로 정의하고 있다. 과거 단순 위탁 생산으로 사업을 시작했지만, 이제는 연구개발(R&D), 디자인, 핵심 부품 자체 제작 능력까지 갖춘 강력한 수직 통합 모델을 구축했다. 자동차가 급격히 전자화, 전동화, 지능화되면서, 원가 경쟁력과 제품력 향상을 이루어내는 숨은 공로자이다.

왕촨푸의 야망은 스마트폰 배터리 사업에 만족하지 않았다. 오늘날 전기차의 대명사로 불리는 BYD는 자동차에 뛰어들기 직전, 사실 반도체 기업이 될 뻔했다. 창업자 왕촨푸는 배터리 다음 단계의 성장 동력으로 반도체를 점찍고, 웨이퍼 팹 인수를 두 차례 추진했다.

첫 번째는 2001년 9월 11일 스페인 마드리드의 6인치 칩 공장 인수 시도였다. 왕촨푸는 협상을 위해 현지에 도착했을 때 공교롭게도 미국에서 9·11 테러가 발생하고 국제 정세가 급변하면서 협상이 중단되었다. 두 번째는 2002년 미국 실리콘밸리. 닷컴 버블 붕괴로 매물로 나온 웨이퍼 공장(ADT 산하) 인수를 목표로 BYD는 전담팀을 꾸려 상주 협상을 진행했다. 막판까지 진전이 있었지만, 미국 정부의 산업정책 변화로 거래가 무산됐다. 반도체 산업에 진입하는 것이 좌절된 왕촨푸는 2002년 BYD를 홍콩증권거래소에 상장해 확보한 자본으로 자동차 산업에 도전했다. 회사 내부에서는 모두 위험하다고 우려했고 주주들도 반대했다. 자동차 산업 진출을 공식화한 후 BYD 주가는 40% 폭락했다. 하지만 왕촨푸는 머지않아 자동차가 전기차로 변화될 거라는 생각에 2003년 시안친촨기차를 인수했다.

BYD는 자동차로 방향을 튼 직후, 첫 독자 개발 모델 코드를 '316'으로 정하고 약 1년간 개발에 매달렸다. 2004년 2월, 상하이에서 열린 딜러 품평회에 야심작 프로토타입을 내놓았지만, 반응은 싸늘했다. "이 차, 너무 못생겼어요!"라는 한마디가 침묵을 갈랐고, 설문지엔 외관·내장·성능 전 항목에 X가 가득했다. 수억 위안이 들어간 프로젝트였지만 왕촨푸는 다음 날 차량 개발을 중지시켰다. 매몰 비용에 끌려다니지 않겠다는 냉정한 선택이었다.

'316'이란 차량의 개발 계획을 접자마자 BYD는 새 모델 F3 개발에 착수했다. 그러나 BYD와 같은 신규 자동차 메이커에 우호적인 부품사는 거의 없었다. 협력을 거절하거나 터무니없는 단가 제시가 이어지자, 왕촨푸는 방향을 틀었다. "필요한 건 우리가 만든다." 어느 날 토요타 코롤라 한 대를 통째로 분해해 바닥에 늘어놓고, 주로 배터리·전자 출신으로 자동차 경험이 거의 없는 관리자들을 불러 세웠다. "할 수 있겠다." 싶은 부품을 각자 '찜'하게 했다. 그래서, 계기판·에어컨·백미러까지 하나씩 주인을 찾아갔다. 그렇게 BYD는 가능한 모든 부품을 자체 생산하기 시작했다. 우리는 흔히 BYD의 경쟁력이 수직계열화라고 이야기한다. 하지만, 자동차를 만들기 위해 어쩔 수 없이 BYD는 직접 부품을 만들어야 했고, 이것이 이후에 BYD의 강력한 경쟁력의 한 축이 된다. BYD의 강점은 위기를 곧 경쟁우위로 바꿔 낼 수 있는 저력에 있다.

자동차 산업은 휴대폰 배터리 사업과 달리 쉽지 않았다. 몇 번의 성공과 실패가 반복되었다. 2012년에는 품질 문제가 발생하면서 수익성이 떨어지는 위기에 봉착했다. 왕촨푸는 기자회견을 열어 공개, 사과하고 브랜드와 품질 향상을 약속했다.

이때 중국 정부가 구원투수로 나섰다. 공무용 신에너지차 시범 사업을 실시하여 정부 구매량의 50%를 BYD 전기차 E6에 배정한 것이다. 여기서 신에너지차는 '전기차'와 '플러그 인 하이브리드 차'를 의미한다. 중국 정부는 2015년 사실상 중국 배터리 업체에만 보조금을 지급하는 화이트 리스트 제도도 시행했다.

테슬라가 중국 공장을 가동하던 2020년, BYD는 전기 세단 '한(漢)'을 내놓았다. 이전 BYD 모델들과 결이 달랐다. 디자인은 세련됐고, 주행 성능과 품질도 크게 끌어올리며 중국 시장에서 빠르게 인기를 얻었다.

하지만 왕촨푸는 한의 개발을 두고 "십년마일검(十年磨一劍)"

이라 표현했다. 직역하면 "검 한 자루를 10년간 간다"라는 의미다. 실제로 차량을 개발하는 데 약 10년이 걸렸다. 그사이 개발 책임자가 네 차례 교체되었고, 차량의 개발 목표는 계속 올라갔다.

목표를 올리는 과정에서 BYD가 자랑하는 블레이드 배터리를 처음 적용해 안전성과 에너지 밀도를 동시에 끌어올렸고, 코로나19로 공급망이 흔들리자 핵심 부품의 내재화를 더 강하게 추진했다. 심지어 출시 직전에는 판매 현장의 요구에 맞춰 외관 디자인을 추가 수정했다. 이런 고강도 반복 조정 끝에 BYD는 "개발 도중에도 과감히 바꾸는" 운영 원칙, 부품 내재화를 통하여 원가를 통제하는 방식 등 자기만의 EV 개발 기법을 체계화했다. BYD는 전기차 개발에 자신감이 생기기 시작했고, 이후 출시하는 자동차마다 중국인의 인기를 끌었다. 2022년 3월 BYD는 내연기관 차량의 생산을 중단하겠다고 발표했다.

BYD가 생산하는 차량의 이름을 보면 왕촨푸가 중국 문화에 대해 얼마나 많은 자부심을 가지는지 알 수 있다. BYD는 다양한 종류의 차량을 만드는데, 한, 청, 송, 원, 당 등 역대 중국 왕조의 이름을 붙인 '왕조 시리즈'도 있다. BYD 자동차의 상징과도 같은 '왕조' 시리즈(진, 한, 당, 송 등) 이름은 처음부터 환영받았던 것이 아니다. 이 아이디어가 처음 제안되었을 때, 내부에서는 "너무 특이하고 세련되지 못하다"라는 강력한 반대에 부딪혔다. 하지만 왕촨푸의 생각은 달랐다. 그는 반대하는 임원들에게 이렇게 말했다.

"우리가 이렇게 간단한 한자조차 계승하지 않으면서 어떻게 중국의 꿈을 실현한다고 말할 수 있겠는가? 우리는 중국 문자를 사용하는 것이 판매량을 감소시키는 것이 아니라, 오히려 자부심을 높이고 판매를 늘릴 수 있다는 것을 증명해야 한다."

그의 의지는 단순히 차 이름에 그치지 않았다. 그는 차량 내부 버튼의 표기마저 'Auto'를 '自动'으로, 'OFF'를 '关(꺼짐)'으로 바꾸는 등 모든 영문 약자를 한자로 대체하라고 지시했다. 이 강력한 의지 덕분에 '왕조 시리즈'는 BYD만의 독특한 브랜드 정체성을 구축하고 기술력에 문화적 자신감을 더하는 상징이 되었다. 이처럼 왕촨푸는 차를 통해 중국의 위상을 올리겠나는 사명감이 강한 사람이다. 왕촨푸의 측근 엔지니어 중에는 그와 비슷하거나 더 많은 월급을 받는 사람이 여럿 있다. 좋은 차를 만들기 위해서 당연한 일이라고 생각하는 것이다.

BYD의 자동차 판매 대수는 2020년 44만 대에서 2023년 302만 대를 팔아 글로벌 탑10에 들어갔고, 2024년 427만 대를 판매하여 GM과 포드를 누르고 탑5로 급성장했다. 그리고, 그

여세를 몰아 태국·브라질 등에 공장을 완공하여 글로벌 기업으로 나아가고 있다. 이제 기존 세계 유수의 자동차 회사들은 BYD와의 경쟁이 불가피한 시대에 접어들었다.

토요타마저 배우려 한 BYD의 '속도'

BYD의 이러한 급부상은 기존 강자들에게도 큰 영향을 미쳤다. 대표적인 사례가 바로 세계 1위 자동차 메이커인 토요타와의 협력이다. 토요타는 전기차 시대, 특히 중국 시장에서의 경쟁에서 살아남기 위해 자사의 강점인 '완벽을 추구하는 개발 프로세스' 위에 시장 적합성을 최우선으로 하는 BYD의 '유연하고 민첩한 개발 방식'을 접목할 필요성을 절감했다.

토요타와 BYD의 파트너십은 토요다 아키오 사장과 왕촨푸 회장의 직접적인 만남에서 시작했다. 두 리더는 '고객을 위해 좋은 차를 만들겠다'라는 경영 이념에 깊이 공감했고, 그 공감이 출발점이 되었다. 흔히 시장 점유율이나 수익성 같은 지표로 채운 거창한 전략 보고서가 아니라, 두 리더의 꿈에 대한 공감에서 비롯된 결정이었다. 특히 왕촨푸는 TPS(토요타 생산 방식)의 열성팬으로 알려져 있고, 토요타는 새롭게 부상하는 기업에서 배우고 때로는 투자도 하며 조직 전체가 학습하는 문화를 지닌 회사다. 과거 토요타가 테슬라에 투자했던 사례도 같은 맥락이다. 2019년 토요타는 배터리와 전기차를 만드는 중국 BYD와 전기차 공동 개발을 발표했고, 2020년에 광둥성 선전에 합작사 BTET(BYD Toyota EV Technology)를 설립했다.

두 리더의 공감 아래 BYD와 토요타의 차량 공동 개발 프로젝트가 시작되자, 그 책임자로 가토 다케로가 임명되었다. 그는 원래 차체 설계를 하던 엔지니어였으나, TNGA 설계 혁신 관련 업무 경험을 바탕으로 곧바로 BYD와의 공동 개발이라는 중책을 맡게 되었다. 가토는 핵심 팀을 직접 꾸려 중국 현지로 건너갔고, BYD 엔지니어들과 한 팀이 되어 bZ3 개발에 몰두했다.

현장에서 마주한 BYD의 개발 방식은 토요타의 그것과는 근본적으로 달랐다. 초기 단계에서 모든 제원을 확정하고 진행하는 토요타와 달리, BYD는 시장 적합성을 최우선으로 '바꾸면서 개발'하는 유연성을 보였다. 토요타는 이 방식을 수용하여, 개발 시작 이후에도 주요 사양 변경을 13회나 감행했다. 개발 5개월 차에 차량 높이를 25mm 낮추고 휠베이스를 수정하는 등, 기존 토요타 방식으로는 상상하기 어려운 과감한 결정을 내리며 프로젝트를 진행했다.

과거 토요타의 관행이라면 막대한 재작업을 유발하는 개발 방식을 '실패'로 간주했을 것이다. 하지만, 토요타는 BYD 개발 방식을 시장에 더 빨리 도달하기 위한 '민첩한 개선'으로 재정의했다. 토요타가 BYD에 느낀 진정한 위협은 가격 경쟁력이 아니라 바로 이 '진화 속도'였다. 몇 년 주기의 모델 변경이 아닌, 연속적인 버전업을 통해 성능을 끊임없이 끌어올리는 BYD의 모습은 토요타에 큰 충격을 주었다. BYD의 압도적인 개선 속도, 그 공포를 직시한 순간 토요타는 변화를 결심했다.

토요타의 기술 개발 책임자 나카지마 히로키는 먼저 '패배를 인정하는 것'에서 변화를 시작했다. 리더가 "우리가 졌다"라고 선언하며 1등 기업의 자존심에 충격을 가했고, 이는 조직 전체가 새로운 방식을 배우도록 하는 강력한 동기 부여가 되었다. 나카지마 CTO는 BTET 합작사를 단순히 차량 공동 개발을 넘어, 새로운 시대를 이끌어갈 인재를 육성하는 장으로 활용했다.

그 결과, BYD와의 협력을 성공적으로 이끌었던 가토 다케로는 일본으로 돌아와 전기차 개발 조직인 'BEV 팩토리'의 책임자가 되었고, 2025년에는 렉서스 전기차 전용 공장 대표로 임명되며, 토요타가 BYD로부터 배운 '속도'와 '유연성'을 내재화하는 핵심 역할을 맡게 되었다.

이처럼 BYD의 등장은 단순히 중국 시장의 판도를 바꾼 것

　　　　　　　　　　　　　스마트카 패권 전쟁

을 넘어, 세계 1위 토요타마저 기존의 성공 방식을 버리고 배우게 만들 만큼 자동차 산업의 경쟁 패러다임 자체를 바꾸고 있다. 속도와 적응력, 이것이 BYD가 던진 화두이자 새로운 시대의 생존 조건이다.

THE
SMART CAR
WAR

6장

전기차를 넘어
스마트카 시대로

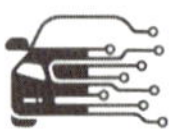

샤오미와 화웨이

앞선 5장에서 살펴보았듯이, BYD는 배터리 기술과 강력한 수직 통합을 기반으로 중국 자동차 시장의 강자로 우뚝 섰다. 하지만 현재 중국 자동차 시장의 변화는 BYD 하나만으로는 설명하기 어렵다. 기존의 전통적인 자동차 기업 외에도 다양한 배경을 가진 수많은 새로운 기업들이 빠르게 부상했다.

〈자료 6-1〉에서 볼 수 있듯이, 중국 EV 시장은 단순히 기존 완성차 업체와 신생 스타트업의 경쟁을 넘어, 국유기업 또한 신생 전기차 브랜드를 만들고, IT 기업까지 가세하며 매우 복잡하고 역동적인 양상을 보인다. 모든 그룹이 나름의 방식으로 혁신을 추구하고 있다. 중국 전기차 시장의 주요 플레이어는 크게 네 가지 세력으로 나눌 수 있다.

〈자료 6-1〉 중국 자동차 시장의 주요 신흥 플레이어(2024년 기준)

분류	주요 브랜드/기업	2024년 EV 판매대수(추정)	주력 가격대(위안)
신흥 EV전문기업	니오(NIO)	약 22만 대	30만 위안 ~
	샤오펑(Xpeng)	약 19만 대	20~35만
	리오토(Li Auto)	약 50만 대	30~50만
	립모터(Leapmotor)	약 29만 대	10~20만
기존 민족계 /독립계	BYD	약 427만 대	10~70만
	지리(Geely)	약 148만 대	10~40만
	지커(Zeekr)	약 22만 대	30~50만
	장성기차(GWM)	약 32만 대	10~50만
	광저우 아이온 (GAC Aion)	약 37만 대	15~35만
국유기업 산하 신규 브랜드	아바타(Avatr)	약 7만 대	30~60만
	디팔(Deepal)	약 24만 대	15~25만
	보야(Voyah)	약 9만 대	30~50만
	아크폭스(Arcfox)	약 8만 대	25~45만
스마트폰/ 가전 기업	샤오미(Xiaomi)	약 14만 대	20~30만
	아이토(AITO)	약 42만 대	25~50만
	럭시드(Luxeed)	발매 초기	20~35만
	스텔라토(Stelato)	발매 초기	50~70만
	마에스트로 (Maestro)	발매 초기	50~70만
	샹지에(Shangjie)	발매 초기	20~30만

출처: 《토요타 대 중국 EV》, 2025년, 나카니시 다카키

- **신흥 EV 메이커**

  니오, 샤오펑, 리오토 등이 대표적이다. 이들은 주로 IT 업계 출신 창업자들이 설립했으며, 기술력(전동화, SDV, AI 기술 등)을 강점으로 내세우며 빠르게 성장했다. 특히 중국 IT 기업들의 EV 시장 진출을 촉발하는 역할을 했다.

- **민영계 독립 완성차 메이커**

  BYD, 지리, 창청기차 등이 주축이다. 이들은 일찍부터 EV화에 대응하여 뛰어난 원가 경쟁력과 기술 개발력을 바탕으로 빠르게 성장하며 글로벌 시장에서도 존재감을 높이고 있다.

- **국유 대기업 산하 EV 전문 브랜드**

  상하이, 광저우, 창안 자동차 등 중앙 또는 지방정부 산하 국유 자동차 대기업들이 만든 EV 전문 브랜드이다. 아바타, 아이토, 보야 등 고급 브랜드를 중심으로 경쟁에 참여하고 있다.

- **스마트폰/가전/IT 메이커**

  샤오미, 화웨이 등 IT 기업들이 이 세력에 속한다. 특히 화웨이는 자체 개발한 OS(훙멍)와 기술 플랫폼을 기반으로 여러 자동차 메이커와 협력하여 EV 개발 및 생산에 참여하는 방식으로 영향력을 확대하고 있다.

이처럼 다양한 배경의 기업들이 시장에 뛰어들며 경쟁하는 가운데, 스마트폰과 IT 기술을 기반으로 자동차 산업에 새롭게 진입한 기업들에 대해서 살펴보자. 대표적인 주자가 바로 샤오미와 화웨이다. 이들은 BYD와는 전혀 다른 배경과 접근법으로 시장에 파란을 일으키고 있으며, 중국 자동차 산업이 단순한 전기차 시대를 넘어 '스마트카' 시대로 본격 전환되고 있음을 상징적으로 보여준다.

2024년 4월 25일~5월 4일 베이징 모터쇼(정식 명칭은 '오토 차이나 2024')가 열렸다. 수많은 기업이 신차를 전시하며 기량을 뽐냈지만, 중국 차가 그 중심에 있었다. 중국 전기차 메이커인 BYD는 자사 전시장에 '신에너지차 세계 챔피언'이라는 문구를 크게 붙였다. 여기서 신에너지차(NEV)는 전기차(EV), 플러그인 하이브리드(PHEV), 수소연료전지차(FCEV)를 포함하는 중국식 용어이다.

하지만 2024년 베이징 모터쇼에서는 BYD와는 다른, 아니 정반대의 기업 컬러를 가지고 있는 기업이 주목받았다. 바로 스마트폰을 만드는 기업 샤오미다.

여기서 샤오미가 BYD와 정반대의 기업 컬러를 가지고 있다고 한 점은 다양한 의미를 가진다. BYD의 창업자 왕촨푸는 가난한 집안에서 태어나 고학을 하면서 중난대학에서 야금물리화학을 전공하고 스마트폰용 배터리를 만드는 사업을 시작했다.

반면에 샤오미의 창업자인 레이쥔은 유복한 가정에서 태어나, 우한대학에서 컴퓨터공학을 전공했고 대학 생활 4년 중 2년간 졸업 학점을 모두 이수, 남은 2년에는 결혼하고 창업까지 경험했다. 그는 중국 소프트웨어 선구자 기업인 킹소프트의 공동 창업자이자 CEO이기도 했다.

왕촨푸는 배터리를 더 많이 사용할 곳을 찾다가 스마트폰용 배터리를 만들었고, 이후 자동차 산업에 뛰어들었다. 샤오미의 레이쥔은 강력한 소프트웨어 역량을 가지고 2010년에 스마트폰 메이커 샤오미를 설립했고, 이제 그 역량과 브랜드 파워를 바탕으로 자동차 산업에 도전하고 있다. 한마디로 BYD가 배터리와 하드웨어 제조 역량을 중심으로 하는 '전기차'라는 접근법이라면, 샤오미는 소프트웨어와 사용자 경험, 그리고 생태계를 중심으로 하는 '스마트카'라는 접근법이다.

BYD가 배터리를 중심으로 자동차 부품과 전자 부품에 대한 수직계열화를 이루어냈다면, 샤오미는 스마트폰을 중심으로 TV, 웨어러블 기기 등 다양한 IoT 가전제품까지 아우르는 거대한 IT 플랫폼 생태계를 구축하고 있다는 점이 다르다. 스마트폰과 가전제품의 일체적인 편리함을 지향하며, 샤오미의 독자적인 OS 〈Hyper OS〉가 이들 기기 에코시스템 전체를 통합

한다. 샤오미는 스마트폰과 스마트 TV 등 가전제품의 연결과 제어를 실현하며, 스마트 홈 허브로서 지위를 구축해 왔고, 이제 자동차까지 이 생태계 안으로 끌어들이려 하는 것이다.

창업자의 이런 서로 다른 배경과 자동차 산업에 대한 서로 다른 접근법은 차량 개발 방식과 공장 운영 등에서도 서로 다른 면모를 보여주고 있다. 이에 더해 스마트폰과 통신기기 사업으로 시작하여 자동차 산업에 도전하는 화웨이를 포함하여 앞으로 BYD, 샤오미, 화웨이는 중국 자동차 산업을 이해하고 미래 자동차 변화를 논할 때 가장 중요한 열쇠가 될 것이다.

모터쇼의 아이돌 스타, 레이쥔

2024년 베이징 모터쇼의 주인공은 단연 샤오미와 대표 레이쥔이었다. 샤오미는 베이징 모터쇼가 있기 한 달 전인 3월 28일 순수 전기차 'SU7'을 출시했다. 주문을 받자마자 단 27분 만에 5만 대, 24시간 내 8.9만 대의 예약 판매량을 기록했다. 샤오미의 대표 레이쥔은 4월 3일 첫 차량 인도식에서 이미 10만 대 이상의 주문을 받았다고 밝혔다. 2023년 화웨이가 자동차 제조사 세레스와 협업해 출시한 'AITO M7'이라는 차량을 출시하여, 한 달 만에 6만 대의 주문을 받아 화제가 된 적이 있다. 이번 샤오미의 SU7 계약 대수는 화웨이의 AITO M7 차량을 뛰어넘는 기록이다. 샤오미는 당초 월 5,000대로 잡았던 생산 규모를 1만 대로 늘리기 위해 발 빠르게 움직이고 있다. 2024년 10만 대 생산을 목표로 하는 샤오미는 단숨에 전기차 시장 다크호스로 떠올랐다.

포르셰의 타이칸과 너무나 닮은 샤오미의 SU7 차량의 최상위 모델 'MAX'는 최고속도 265km/h, 제로백 2.78초, 800km의 항속거리(중국 CLTC 시험 기준)에 가격은 29.99만 위안(약 5,600만 원)이다. 일반 모델은 배터리 용량 73.6kWh, 항속거리 700km로 경쟁 상대인 테슬라의 모델3보다 우수하지만, 가격은 21.59만 위안(약 4,000만 원)으로 테슬라 모델3보다 3만 위안(560만 원) 저렴하다. 뛰어난 성능과 세련된 디자인, 그리고 파격적인 가격이 샤오미 팬들의 마음을 사로잡은 것이다.

차만 인기 있는 것이 아니다. 중국에서 샤오미의 대표 레이쥔은 일론 머스크 못지않은 스타였다. 베이징 모터쇼는 동관과 서관 합쳐 총 8개의 전시장이 있었는데, 그가 전시장을 관람하는 동안 중국 청년들은 마치 아이돌 스타가 나타난 것처럼 그의 뒤를 쫓아다니며 환호했다. 중국에 샤오미라는 제품과 브랜드를 좋아하는 팬덤 문화가 존재한다고 책자와 언론 보도를 통

　　　　　　　　　　　　　　　스마트카 패권 전쟁

니오 전시장을 방문한 중국인들은 레이쥔을 보고 아이돌 스타를 보는 것처럼 환호했다.

해 익히 알고 있었지만, 이 정도인 줄은 몰랐다.

샤오미, 스마트폰 생태계와 전기차 연계

샤오미는 원래 스마트폰, IoT 기기 등으로 잘 알려진 기업으로 2010년에 설립된 신생 기업이다. 이런 기업이 짧은 기간 내에 전기차를 만들어 낼 수 있었던 비결은 무엇일까? 중국 내부의 기술 축적과 함께 샤오미 나름대로 차량 개발에 대한 지속적인 관심과 투자 덕분이다. 먼저 중국 내부에는 자동차, 특히 전기차를 개발하고 생산하는 엔지니어링 기술이 상당 수준으로 축적되어 있다. 가령 중국 텐진에는 AE Corp이라는 자동차 공장을 설계하고 건설하는 전문 엔지니어링 회사가 있다. 이 회사의 텐진 사무실 1층 전시장에는 자신들이 직접 설계한 중국 토종 자동차 기업과 외자 자동차 기업의 공장 사진이 전시되어 있다. 1년에 3,000만 대의 자동차를 생산하는 중국에는 이제 자동차를 개발하고 공장을 건설하는 역량이 어느 정도 축적되어 있다고 보는 것이 타당할 것이다.

한편, 샤오미도 나름대로 열심히 전기차 산업을 준비해 온 것으로 보인다. 샤오미는 2015년에 중국의 전기차 기업 니오에 투자했고, 2017년에는 또 다른 전기차 스타트업인 샤오펑에 투자했다. 이와 같은 전략적 투자를 통해 전기차 산업에 대한 인사이트와 기술력을 축적하면서 샤오미가 가지고 있는 스마트폰의 생태계를 자동차 산업과 연계하려고 구상하고 있던 것이다.

생산 방식의 차이: 자동화 vs. 인해전술

샤오미와 BYD는 공장 운영과 제품개발 방식에서 서로 대조적이다. BYD의 공장 운영은 한마디로 인해전술이다. BYD의 창업자 왕촨푸는 스마트폰용 배터리 사업을 시작할 때 일본의 자동화된 생산공정과 경쟁하기 위해서 오히려 값싼 인력을 충분히 활용했다. 가능하면 공정을 세분화하고 비싼 설비와 로봇 대신 값싼 인력을 활용하여 공장 건설에 필요한 초기 투자비를 축소하는 전략을 펼쳤다(참조 〈하버드 비즈니스 케이스 스터디〉, 2009년). BYD 공장에 가보면 작업자가 살 수 있는 대규모 숙소가 있다. 인력 중심의 공장이란 의미다. 실제 BYD는 위탁 생산(Electronics Manufacturing Service, EMS) 분야에서 대만의 폭스콘에 이어 세계 7위, 중국 내 1위 기업이다. 즉 BYD는 많은 사람을 고용하여 공장을 운영하는 능력에 있어서 탁월하다.

샤오미 공장에 대해서는 한국의 많은 기자, 유튜버들에게 잘못 알려진 점이 하나 있다. 이것은 샤오미 차량에 '베이징샤오미'라는 배지가 붙어 있기에 기인한 것이다. 이것은 마치 현대자동차가 베이징기차와 합작하여 베이징현대라는 합작사를 만든 것과 동일한 형태처럼 보인다. 그래서 샤오미가 베이징기차와 합작사를 만든 것으로 착각해서 샤오미가 개발한 차량을 베이징기차가 생산하고 있는 것처럼 보도했다.

사실은 다르다. 자동차 메이커는 중국 정부로부터 공장 건설, 생산 및 판매 허가를 별도로 받아야 한다. 샤오미는 중국 공장 건설에 대한 허가를 받았지만, 아직 생산 허가를 받지 못했다. 그래서 샤오미가 공장 운영을 위해 베이징기차에 라이선스 비용을 주면서 직접 생산했다. 하지만, 2024년 7월 중국 정부의 정식 허가를 받아 차량에 베이징이라는 마크를 떼어 내었다. 즉 샤오미의 공장은 샤오미의 철학이 반영된 공장이라고 보는 것이 맞다.

BYD는 폐쇄형, 샤오미는 개방형

샤오미의 공장은 인해전술의 BYD 공장과 대조된다. 샤오미는 공장을 소개하는 동영상을 공개했는데 이 영상에서는 좀처럼 사람의 모습을 볼 수 없다. 겨우 컴퓨터를 조작하는 사람의 모습만 보인다. 샤오미는 가능하면 공정의 많은 부분을 자동화했다. 하지만 분명 일정 정도의 작업자(약 1,300명)가 작업을 하고 있을 것임에도 불구하고 그런 모습을 외부에 공개하기 싫어하는 것 같다.

이런 생각은 차량에 사용된 부품에서도 비슷하다. 샤오미가 SU7 차량을 소개하는 자리에서 보쉬, ZF, 컨티넨탈과 같은 외국의 유명한 자동차 부품사의 제품을 사용하고 있음을 적극적으로 밝히고 있다. 이것은 BYD와 무척 대조된다. BYD는 유리,

철판, 타이어 이외의 부품은 모두 직접 만든다고 알려질 정도다. 기술경영학적인 용어를 빌린다면, 샤오미가 외부의 부품을 적극적으로 사용하는 개방형이라면, BYD는 가능하면 기업 내부에서 할 수 있는 것은 스스로 하자는 폐쇄형에 가깝다. 샤오미와 BYD의 이런 상반된 공장과 부품 공급망 활용에 대한 차이는 어쩌면 창업자의 인생 역정과 전공 분야(배터리와 소프트웨어)의 차이에 기인한 것일 수 있다.

그럼에도 불구하고 두 회사의 차량은 모두 높은 가성비를 보인다. 특히 BYD는 중국 전기차 시장에서 가격 인하에 대한 주도권을 쥐고 있다. 이것이 가능한 이유는 무엇일까? 지금의 전기차에서 가장 필요로 하는 요소는 2가지이다. 바로 배터리와 소프트웨어다.

BYD는 배터리 부문 사업을 하면서 원가 경쟁력을 확보했다면, 샤오미는 소프트웨어 분야에서 규모의 경제를 이미 확보한 상태에서 자동차 산업에 뛰어들었다고 볼 수 있다. 지금 많은 자동차 회사가 상당한 금액을 투자하면서 자동차가 스마트폰처럼 작동할 수 있도록 소프트웨어 분야에 투자하고 있다. 샤오미는 이미 스마트폰을 통해 획득한 소프트웨어 역량을 가지고 자동차 산업에 들어왔기에 이미 이 부분에서 원가 경쟁력을 확보하고 있다. 즉 BYD는 전기차, 샤오미는 스마트카의 대표 주자이다.

화웨이의 '플랫폼' 전략과 3가지 협력 모델

한편, 스마트폰과 통신기기 분야의 강자인 화웨이 역시 자동차 산업의 주요 플레이어로 부상했다. 강력한 소프트웨어와 자율주행 기술 역량을 바탕으로, 화웨이는 2019년 자동차 산업 진출을 선언했으나, 돌연 직접 생산 계획을 취소했다. 2023년 4월 창업자 런정페이가 자동차를 직접 만들지 않겠다는 결정을 재확인하면서, 화웨이는 자동차 회사들과 협력하는 간접적인 방식으로 전략 방향을 명확히 했다. 여기에는 중국 정부가 소프트웨어 역량이 부족한 다른 자동차 회사들을 지원하도록 역할을 부여했을 가능성도 제기된다.

현재 화웨이의 자동차 사업부인 IAS(Intelligent Automotive Solution)는 자동차 회사들과 주로 세 가지 방식으로 협력하고 있다(〈자료 6-3〉 참조).

첫째는 'Tier 1 모델'이다. 화웨이가 전통적인 부품 공급사처럼 특정 부품/모듈을 개발해 OEM이나 다른 부품사에 납품하는 방식이다. 2023년 5월 '첸쿤'으로 명명된 이 사업 모델은 스

　　　　　　　　　스마트카 패권 전쟁

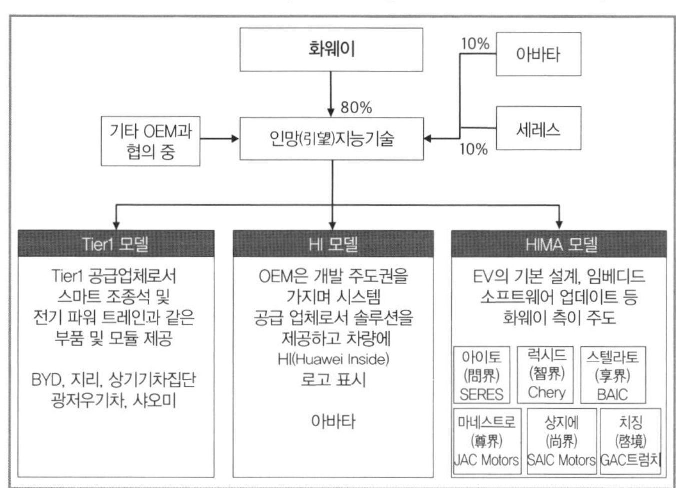

출처: 《토요타 대 중국》, 2025년, 나카니시 다카키

마트 콕핏, 전동 파워 트레인 뿐만 아니라 화웨이 ADS(자율주행 시스템) 기본 설계, 디지털 키, AR-HUD 등 경쟁력 있는 부품들을 제공하며, BYD, 지리, 샤오미 등 다수의 회사가 이 방식으로 화웨이 부품을 공급받는다.

둘째는 'HI(Huawei Inside) 모델'이다. 이 방식에서는 화웨이가 ADAS를 포함한 통합 시스템 설계를 지원하고 솔루션을 제공하지만, 차량 개발의 주도권은 OEM이 갖는다. 해당 차량에는 'HI' 로고가 부착되며, 장안자동차 산하의 아바타가 대표적이다.

셋째는 가장 깊은 협력 단계인 'HIMA(Harmony Intelligent Mobility Alliance) 모델'이다. 화웨이가 차량 기본 설계부터 운영체제(Harmony OS), 소프트웨어 업데이트까지 개발 전반을 주도하며, 싸이리스, 체리, 베이징자동차 등 소수의 파트너사와 함께 아이토, 럭시드, 스텔라토 같은 공동 브랜드를 만들어 운영한다. HIMA 모델은 빠르게 성장하여 2025년 6월 기준 누적 판매량이 80만 대를 넘어서며 중국 EV 시장 점유율 12% 이상을 차지할 정도로 성공을 거두고 있다. 이 HIMA 모델이야말로 화웨이가 직접 생산에 참여하지 않으면서도 자동차 산업에서 강력한 영향력을 행사하는 핵심 전략이라 할 수 있다.

플랫포머

〈자료 6-4〉는 《중국적 경영, 중국 기업의 강점과 약점》(〈일본경제신문〉 발간)이라는 책자에 게재된 그림이다. 이 책의 저자인 오카노 도시히코는 지금 'NTT 데이터 경영연구소'에서 스페셜리스트로 근무하면서 과거 중국에서 일한 경험을 토대로 중국 기업의 특징을 정리해서 출판했다.

이 그림은 디지털 시대에 미국·중국·일본의 플랫포머

　　　　스마트카 패권 전쟁

출처: 《중국적 경영, 중국 기업의 강점과 약점》, 2023년, 오카노 도시히코

(Platformer)에 해당하는 기업의 특징을 보여주고 있다. 여기서 '플랫포머'란 플랫폼(Platform)이란 단어에 '-er'이란 접미사를 붙여서 만든 용어로 기업과 개인이 인터넷상에서 비즈니스를 전개할 때 그 기반이 되는 서비스와 시스템을 제공하고 운영하는 사업자를 의미한다. 미국의 구글, 아마존, 중국의 위챗이 플랫포머에 해당한다.

미국과 중국은 모두 플랫포머가 강한 시장 지배력을 바탕으로 소비자 접점을 장악하고 있다. 단, 미국의 경우 민간 기업인 GAFA(구글·애플·페이스북·아마존)가 독자적으로 플랫폼을 형성한다면 중국은 정부가 직접 정보와 데이터 컨트롤을 진행하고

있다. 필요하다면 막대한 보조금도 지급하는 것으로 알려져 있다. 화웨이는 자동차 산업에서 플랫포머와 같은 역할을 할 것으로 보인다.

가전제품을 넣은 중국 자동차들

2024년 베이징 모터쇼에서 화웨이의 독립 부스는 메인 자동차 전시회장이 아니라 외곽의 부품 전시장에 있었다. 그래서 모터쇼에 왔음에도 불구하고 화웨이 전시장을 보지 못한 사람이 대부분이다.

필자의 경우, 오전에 화웨이 전시장에 방문했을 때 입장이 거절되었지만, 오후에 다시 가서 짧은 중국어로 꼭 보고 싶다고 했더니 입장시켜 주었다. 화웨이 전시관에서는 자체 개발한 다양한 기술들을 전시하고 있었다. 특히 인상적이었던 건 자동차의 헤드라이트에 사무실에서 흔히 사용하는 빔 프로젝트를 장착한 기술 시연이었다. 차량의 이동 경로를 차량 앞 노면에 빛으로 알려주고, '생일 축하'와 같은 간단한 메시지를 보여줬다. 영업 사원에게 물어보니 실제 장착된 양산 모델이 있다고 한다.

빔 프로젝트가 장착된 화웨이의 기술 시연을 보면서 중국 자

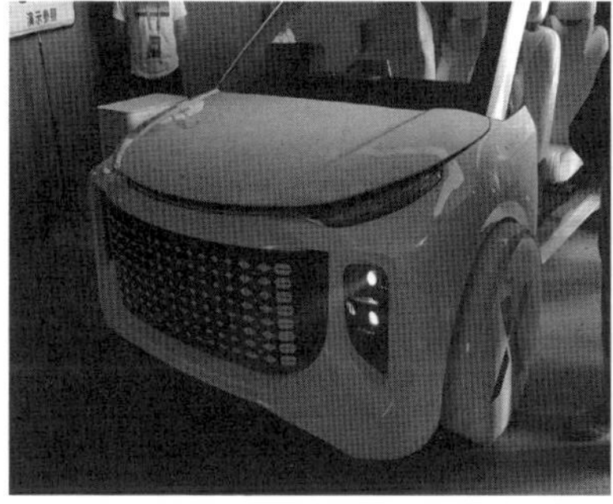

빔 프로젝트가 장착되어 노면에 차량 이동 방향 등 몇 가지 정보를 안내해 준다.

동차의 상품 개발은 가전 메이커의 진화와 비슷하다는 생각이 들었다. 현재 중국은 미니 냉장고, 노래방 기계, 태블릿 PC 등 자동차 안에 우리가 가정에서 사용하는 가전제품을 하나씩 집어넣는 형식으로 상품 개발을 하고 있다. 쉽게 말해 LG전자가 자사에서 만드는 다양한 종류의 가전제품을 다 집어넣은 콘셉트카를 생산한 것과 비슷하다. 다른 것이 있다면 LG전자는 콘셉트카를 만들었다면, 중국 자동차 기업은 실제로 가전제품을 넣은 차량을 출시하고 있다는 점이다.

그리고 화웨이 전시장 이곳저곳에서 일본어가 들려온다는 점에 매우 놀랐다. 일본에서 근무하는 화웨이 중국 직원이 베이징으로 출장을 와서 일본 고객들에게 기술적인 부문을 일본어로 소개하고 있었다. 토요타 사람들이 여기저기 보였다. 필자는 이런 일본인 틈에 끼어서 화웨이 사람이 하는 기술 설명을 들을 수 있었다. 전시된 기술 수준은 상당히 높았다. '저임금 국가 중국'의 기술이라고 보기 힘든 수준이었다.

2024년 4월 일본 도쿄방송은 중국 자동차 산업에 대한 변화를 설명하는 프로를 방영했다. 이 방송에서 일본 닛산 자동차의 전 COO인 시가 도시유키가 출연하여 현재 중국 자동차 산업에 대해 흥미로운 이야기를 했다. 닛산이 '베뉴시아'라는 브랜드로 중국 부품을 사용해 나름대로 경쟁력 있는 가격으로 SUV 전기차인 '신형 VX6'을 2023년 출시했지만, 전혀 팔리지 않았다는 것이다. 그래서 그 원인을 조사해 봤더니, 중국인들이 좋아하는 차량용 OS가 장착되지 않았기 때문이라는 것이다. 즉 중국에서 자동차의 개념은 전기차의 단계를 넘어 이제 스마트카라는 개념으로 가고 있음을 의미한다.

'속도'를 잃은 한국 기업

2022년 중반부터 BYD의 대표 왕촨푸는 "지금은 큰 물고기가 작은 물고기를 잡아먹는 것이 아니라 빠른 물고기가 느린 물고기를 잡아먹는 시대"라는 말을 여러 번 공개석상에서 강조했다. 즉 빠른 실행만이 변화에서 살아남을 수 있다는 말이다.

이것은 과거 한국 기업이 일본 기업과 경쟁을 할 때에 사용했던 방법이다. 꼼꼼하게 업무 프로세스에 따라서 일을 하는 일본 기업과 달리 다소 업무 프로세스가 명확하지 않더라도 강한 실행력으로 어설프지만 뭔가 만들어 내는 능력이 있었다.

그런데 어느 순간부터인가 한국 기업의 속도는 중국·일본 기업보다 더 느려진 것 같다. 가령 일본은 구마모토에 반도체 공장을 1년 10개월 만에 건설했다. 보통 4~5년의 공사 기간이 걸리지만, 공장 건설을 3교대로 24시간 작업해서 이룬 성과다.

그러면 왜 한국 기업의 과거 장점이 사라진 것일까? 아무래도 성장이 정체되다 보니 기업에는 실행가보다 논리가가 득세하고, 현장 작업보다는 페이퍼 작업에 무게중심이 쏠렸기 때문일 것이다. 지금은 다시 과거와 같은 강한 실행력이 요구되는 시점인데 말이다.

지금 중국 자동차 산업은 한마디로 진흙탕에서 개싸움을 한다는 의미의 이전투구(泥田鬪狗) 그 자체다. 하루가 멀다고 차량 가격을 인하하고 새로운 형태의 기업이 자동차 산업에 진입하고 또 적지 않은 기업이 사라지기도 한다. 또 기존 자동차 메이커가 생각하지 못한 형태의 상품들이 등장하고 있다. 테슬라가 태블릿 PC를 운전자 옆에 붙여서 차량 내부의 컨트롤 기능을 관장하는 장치를 만들자, 중국 기업들도 흉내 내면서 붙였다. 그리고 스위치를 누르면 태블릿이 회전할 수 있도록 만드는가 하면(BYD), 태블릿에 추가로 물리적 스위치를 부착할 수 있는 장치를 만들어 옵션으로 판매한다(샤오미). 흉내도 내지만 나름 응용도 해낸다.

이렇게 그때그때 마다 경쟁해야 할 항목이 있으면 바로 그 경쟁 포인트에 집중해야 한다. 이것을 기술경영학 입장에서는 '능력 구축 경쟁(Capability-Building Competition)'이라고 한다. 즉 중국 메이커가 어떤 부분에서 경쟁하는지 파악하고 거의 비슷한 시기에 같이 경쟁에 뛰어들어야 한다. 진흙탕에서 해야 하는 개싸움이라면 같이 몸에 진흙을 묻힐 수 있어야 한다.

최근 일본에서는 중국 자동차 산업 전문가를 초빙하여 세미나를 듣는 자리가 많아졌다. 필자는 토요타 산하의 자동차 산업연구소인 '현대문화연구소' 및 일본 정부의 싱크탱크인 경제산업연구소(RIETI)에서 BYD 관계자 및 중국인 학자들을 불러서 하는 세미나를 들은 적이 있다. 그때 들은 내용 중 기억에 남는 말이 있다. "일본과 중국의 인구 비율이 1대 10이지만, IT 전공을 한 사람의 비율은 1대 20을 넘어 1대 30 수준이 될 것이라면서 자동차가 스마트화되는 시대에는 중국의 기술자를 활용하지 않으면 이 변화를 따라잡기 힘들 것"이라는 것이다.

지금 우리는 동력원을 엔진에서 배터리와 모터로 바꾸는 것보다 중국인이 좋아하는 소프트웨어(SW)가 잘 녹아들어 있는 자동차를 만드는 것이 중요하다. 샤오미가 자동차를 만든다는 것의 의미는 전기차에서 스마트카로의 대전환이 이루어지고 있다는 상징과 같다. 이 변화의 시기 중국의 소프트웨어 기술을 어떻게 활용할지에 대해 진지한 검토가 필요하다.

7장

소프트웨어가
삼켜버린 자동차, SDV

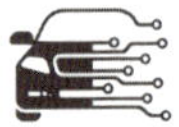

소프트웨어로의 전환

2011년, 〈소프트웨어가 세상을 집어삼키는 이유(Why Software is eating the world?)〉라는 칼럼이 화제가 된 적이 있다. 〈월스트리트 저널〉에 실린 이 글은 '넷스케이프'라는 웹브라우저를 개발하여 일세를 풍미했던 마크 앤드리슨이 썼다. 그는 영화, 농업, 국방 분야에서 소프트웨어 기업이 기존 기업을 위협하고 있으며 다른 분야에서도 비슷한 현상이 일어날 것이라고 예상했다. 십수 년이 지난 지금 그의 예상대로 소프트웨어는 자동차를 통째로 집어삼킬 듯한 기세로 밀려들고 있다.

과거 자동차는 전통적인 기계 산업이었다. 자동차 메이커는 말처럼 황소처럼 달리는 차량, 근육질의 차량을 만들었다. 이후 전기·전자 산업의 발전으로 기계 부품에 마이크로 칩을 장착하여 기계의 미세한 움직임을 제어하기 시작했다. 마치 근육을 조절하는 일종의 자율신경계처럼 말이다. 산업적인 측면에서는 기계 산업과 전자 산업과의 융합이라 볼 수 있다. 물론 이때에도 소프트웨어는 마이크로 칩에 내장된 형태로 존재했다.

하지만 지금은 차량에 고성능 컴퓨터(High Performance Computer, HPC)가 장착되고 그곳에서 실행되는 소프트웨어에 따라 차량이 고객에게 제공하는 기능이 달라진다. 마치 스마트폰처럼 차량의 소프트웨어가 무선으로 업데이트되는 시대로 접어들었다. 이것을 우리는 소프트웨어 정의 차량(Software Defined Vehicle, SDV)이라고 한다. 지금 자동차 산업은 기계에서 전자로, 그리고 이제 소프트웨어로의 전환이 이루어지고 있는 시점이다.

자동차 제품개발 과정

2020년 토요타 사장은 '소프트웨어 퍼스트'리고 선언했다. 2023년 10월에는 기존의 소프트웨어 관련 조직을 통폐합하여 '디지털 소프트웨어 개발센터'를 신설했다. 현대차도 모든 차종을 SDV로 전환할 것으로 밝히고 2024년 초에는 연구소 조직을 대대적으로 개편했다. 지금 자동차 산업에서 화두가 된 SDV, 소프트웨어 퍼스트라는 용어의 의미를 살피고 앞으로의 차량 개발에 있어서 과제를 살펴보자.

먼저 SDV(소프트웨어 정의 자동차)를 설명하기에 앞서 자동전차 제품개발 과정과 특징에 대해 이해할 필요가 있다. 새로운 용어일수록 자동차 산업의 기본으로 돌아가서 파악해야 흔들림 없는 개념을 잡을 수 있기 때문이다.

자동차 메이커는 먼저 새로운 차량을 개발하기 위해서 고객의 요구사항을 파악하고 제품의 콘셉트를 정한다.

가령 새로운 소형차를 개발한다고 가정해 보자. 상품기획 부서가 '콤팩트한 도심형 자동차'라는 차량의 콘셉트를 만들어 낸다. 그러면 이 콘셉트를 만족시킬 차량의 기능들, 가령 연비, 승차감 등의 목표치를 정한다. 이것을 '기능설계'라고 부른다.

목표로 하는 연비를 만족시키기 위해 차량의 무게를 줄이고 엔진 효율을 개선해야 한다. 그러면 연구개발 부서는 기존 차량 대비 무게를 50kg 줄이고, 엔진의 압축비를 5% 올리는 작업을 실시한다. 차량 무게를 줄이기 위해 차 크기를 줄일 수도 있고, 동일한 크기이지만 가벼운 재료를 사용할 수도 있다. 또 차량의 크기를 줄이더라도 가능한 한 큰 실내 공간을 확보하기 위해 각종 부품의 크기를 줄이거나 부품 배치를 변경하는 작업을 진행한다.

이처럼 엔지니어들은 제품이 갖춰야 할 기능(Functional Requirements)을 만족시키기 위해 구체적인 구조물(부품들)의 설계 파라미터(Design Parameters), 즉 부품의 치수를 정하고 재질을 결정한다. 이 과정을 설계라고 한다. 설계란 무형의 욕구(기능)를 만족시키기 위한 유형의 구체적인 정보를 만드는 것으로, 설계의 아웃풋은 도면이다. 과거에는 설계된 정보를 종이 위에 그렸지만, 지금은 컴퓨터를 사용하여 디지털화해서 저장하고 있다는 점이 다르지만, 그 본질은 동일하다. 생산이란 이런 설계 정보를 실물(실제의 물건)로 만들어 내는 과정이다.

설계 변경의 연쇄 효과

자동차 산업에서는 설계 프로세스가 만만치 않다. 자동차는 기본적으로 에너지를 사용하여 사람을 태우고 2톤의 중량물을 고속으로 이동시키는 물건이다. 에너지를 사용하기 때문에 환경 문제와 직결되고 고속으로 이동하기에 인명 사고가 날 수 있다. 자동차 엔지니어는 환경과 교통사고라는 두 가지 문제를 숙명처럼 안고 살아가는 존재이다. 운전자의 안전만을 위한 차량이라면 탱크 같은 차량을 만들면 되지만, 연비는 당연히 나쁘다. 가볍게 만들기 위해 얇은 철판으로 차체를 만들면 사고가 났을 때 차가 마치 종이처럼 구겨질 것이다. 즉 안전과 연비라는 기능이 서로 상충한다.

많은 엔지니어가 이런 상충 문제를 안고 있지만, 자동차의 경우 그 정도가 타제품에 비해 심하다. 특히 연비도 좋고 안전하며 가격까지 저렴해야 할 경우, 설계 파라미터가 서로 복잡하게 영향을 주고받는다. 한 명의 설계자가 자신이 담당한 부품의 치수를 변경하면 그 부품과 연결된 다른 부품의 설계 또한 변경해야 한다.

이런 설계 변경의 연쇄 효과는 전기차보다 하이브리드 차가 크다. 그래서 자동차를 개발할 때는 개발 과정 중간중간에 그동안 설계한 정보를 다 같이 점검하고 난 뒤에 다음 단계로 진행하는 방식을 사용한다. 이런 방식을 워터폴(Waterfall) 방식이라 부른다. 마치 폭포수가 한 단계 한 단계 나아가는 이미지에서 붙여진 이름이다.

이처럼 차량을 개발하기 위해서는 연구개발 인력 간의 긴밀한 상호협조가 요구된다. 운동 경기로 치자면 팀워크를 중시하는 축구 경기와 비슷하다. 필자는 현대자동차 경영연구소(KARI)에서 근무하다가 1년간(2014년 11월~2015년 10월) 남양연구소로 파견 근무를 간 적이 있다. 그때 관찰한 바에 따르면, 차체설계부의 팀워크가 가장 좋았다. 철판을 연결하여 3차원의 완결된 차체 구조를 만들어야 하기에 동료들과의 긴밀한 협조가 필요 불가결하기 때문일 것이다.

앞에서 설계는 고객이 요구하는 기능을 구체화하는 과정이라고 했지만, 자동차의 경우 만족해야 할 기능을 명시적으로 설정하는 것이 쉽지 않다. 따라서 일반적으로 기계적인 측면에서 자동차 설계는 기능설계보다 구조 설계에 중심을 둔다. 심지어는 구조물을 다 만들고 난 뒤에 이전에 생각하지 못한 기능을 발견하기도 한다.

ECU, 엔진제어장치에서 전자제어장치로

자동차에 전자 장치가 도입되기 시작한 것은 자동차 배기가스 규제가 강화된 1960년대부터다. 특히 미국 의회가 1970년 12월에 대기오염 방지를 위한 소위 머스키법(Muskie Act)을 통과시키면서 본격화되었다. 이 법은 일산화탄소(CO), 탄화수소(HC), 질소산화물(NOx)을 5, 6년 내 10분의 1로 줄이도록 요구했다.

그래서 자동차 메이커는 엔진 점화 시기와 같은 값들을 제어할 수 있는 전자 장치를 사용하기 시작했다. 1978년 GM이 엔

진제어장치(Engine Control Uni, ECU)라는 개념을 도입했다. ECU
는 마치 도시락통같이 생긴 것으로 그 안에 각종 전자기기를
서로 연결해 놓은 인쇄 회로 기판(PCB)이 들어갔다. 이후 전자
장치가 엔진뿐만 아니라 브레이크, 에어백 등을 제어하는 데도
사용되면서 ECU는 전자제어장치(Electronic Control Unit)의 약어
로 변했다. 전자 장치가 기계 부품을 제어하는 시대에 돌입한
것이다. 한때 서울대 입학시험에서 최고 커트라인을 자랑하던
제어계측공학과가 생긴 것이 바로 1978년이다.

여기서 제어의 특징을 살펴보자. 제어(Control)란 어떤 대상
물을 원하는 방식으로 움직이게 하는 것을 말한다. 그러다 보
니 만족시켜야 하는 기능(목표치)을 명확하게 정의하는 것이 중
요하다. 그러고 난 뒤 적절한 제어 이론을 논리회로로 구현하
여 목표치를 달성한다. 이때 전자 장치의 경우 목표치인 기능
과 이것을 구현할 수 있는 구조(논리회로, 전자회로) 간의 대응 관
계가 기계 장치에 비해 비교적 명료하다.

고급 차, 100여 개의 ECU 장착

〈자료 7-1〉의 상단 도표는 기계 부품에 들어간 전자 디바이스

　　　　　　　　　　　　　　　　　　　　　스마트카 패권 전쟁

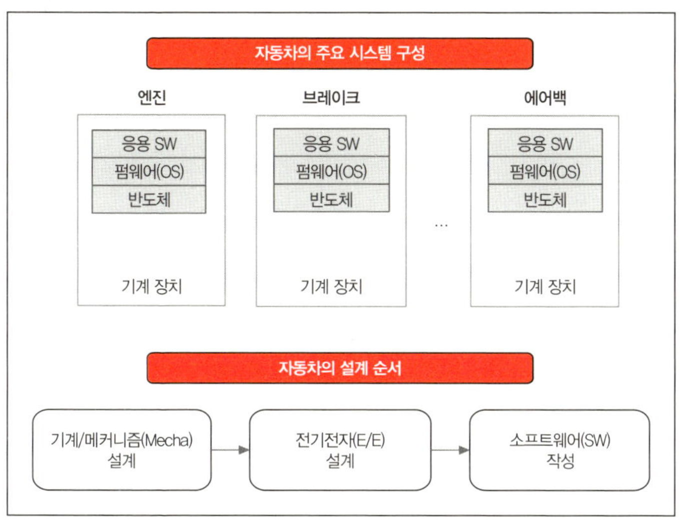

와 그 속에 내장된 소프트웨어의 모습을 나타낸 것이다. 그림 속 네모는 엔진, 브레이크, 에어백 등 자동차에서의 큰 기계 부품을 의미한다. 기계 부품은 덩치는 크지만 제어당하는 입장이고, 전자 부품은 덩치는 작지만 제어하는 입장이다.

부품을 납품하는 회사는 기계 부품에 마이크로 칩과 같은 전자 부품을 직접 장착하고 그 내부에는 제어하는 데 필요로 하는 알고리즘을 소프트웨어 형태로 내장시킨다. 여기서 소프트웨어는 각 부품에 들어가는 특정 반도체에 맞춰 제작되었기에 수정이 곤란하다.

전자 제품이 들어갔음에도 불구하고, 자동차의 설계는 〈자료 7-1〉의 하단 도표처럼 기계→전자→소프트웨어 순서로 진행되었다. 이것은 기계가 설계되지 않으면, 전자 장치의 설계를 진행할 수 없고, 전자 설계(가령 반도체 사양 결정)가 되지 않으면 소프트웨어를 짜기 힘든 구조임을 의미한다. 자동차의 경우 기계 부품의 양이 압도적으로 많고 설계 난이도가 커 많은 인력이 배치되어 있다. 개발 프로젝트를 관리하는 사람도 주로 기계공학 전공자이다.

하지만 고객의 니즈가 점점 다양해지면서 엔진뿐만 아니라 브레이크, 에어백 등 전자 장치로 제어해야 할 부품이 많아졌다. 고급 차의 경우 차량에 100여 개의 ECU가 장착되어 있다. 자동차에 전자 부품의 사용량이 늘어나면서 다음과 같은 문제점이 새롭게 노출되기 시작했다.

인증시험 부정, 왜 일어나나?

첫째, 전자 장치에 들어가는 소프트웨어 양이 급속도로 증가했다. ECU에 사용되는 소프트웨어를 생각해 보자. 가령 운전자가 가속하기 위해 액셀을 밟았다고 하자. 그러면 액셀을 밟은 정도를 센서로 검출하고 차량 속도, 엔진에 들어가는 공기량을 고려하여 연비가 좋게 나오도록 가솔린을 엔진에 분사한다. 연비, 배출가스 등 고려해야 할 조건들이 점점 많아졌다.

그래서 차량을 제어하는 데 사용되는 소프트웨어 길이 또한 늘어나, 2010년에는 약 1천 만행(行) 수준이었는데, 2020년에는 1억 행이 되었다. 그리고 자율주행 기능이 도입된 차는 3억~5억 행 수준이라고 한다.

이렇게 소프트웨어 양이 증가하면 에러가 생기기 쉽고 개발 비용이 증가한다. 자동차의 전장 부품이 차지하는 원가 비중이 1970년에 5%, 2000년에 22%, 2010년에 25%로 상승했다. 그리고 2030년에는 50%로 증가할 것으로 전망되고 있다(참조: 2023년, 하버드 비즈니스 케이스 스터디, Woven Planet-Designing Software for the Car of the Future).

둘째, 차량 개발 기간이 길어졌다. 만일 기계 설계에 결함이 발견되면, 전자 장치와 수프트웨어를 다시 개발해야 하거나, 시간이 부족하여 목표로 하는 기능을 완성하지 못한 상태에서 차량을 출시해야 한다.

2024년 1월 일본 다이하쓰의 대규모 인증시험 부정 사건이 그 대표적인 예다. 이 사건 조사에는 전문가로 구성된 '제3 자'가 투입되어 직접 조사를 진행했다.

이때 밝혀진 것 중에 눈여겨볼 만한 것은 충돌 시험 시 에어백 작동 여부를 확인하는 인증시험에서의 부정이다. 인증시험 시에 에어백을 제어할 수 있는 ECU를 완성하지 못하자 타이머를 부착해서 에어백이 작동하도록 만들었다. 결국 소프트웨어 개발 시간이 부족해서 부정한 방식으로 인증을 먼저 받고, 나중에 제대로 된 ECU를 장착한 것이다. 현재와 같은 개발 방식으로는 정해진 기간 내에 차량 개발을 하기 힘들다는 것을 보여주는 대표적인 사례다.

참고로, 다이하쓰의 품질 부정 사건은 2023년 4월 사내 내부 고발자가 충돌 시험 문제의 부정을 제기하여 관련 조사가 진행되었다. 이후 토요타는 토요타뿐만 아니라 전 그룹사의 품질 부정 문제를 기업 외부의 제3 자인 전문가 그룹을 꾸려 조사했다. 그래서 조금 전에 언급한 다이하쓰의 인증 부정 문제뿐만 아니라 토요타 내부의 부정 문제도 밝혀냈으며, 이를 외부에 공개하고 사과했다.

이와 같은 기업 외부의 전문가가 조사하는 제도는 미쓰비시 자동차가 1977년부터 약 23년간 회사 차원에서 품질 문제를 조작한 사건에서 비롯되었다. 당시 미쓰비시는 1992년부터 전산 시스템까지 도입하여 품질 부정 문제를 더욱 체계적으로 조작한 것이 밝혀진 바 있다. 어떤 조직이든지 완벽한 조직은 없기에 부정이 일어날 수 있고, 이를 방지하기 위해서는 제3 자가 부정 문제를 조사할 수 있는 권한을 부여해야 더욱 건전하고 강한 조직으로 발전할 수 있다.

무선으로 SW 업데이트해 문제 해결

셋째, 전자부품이 늘어나면서 새로운 기능을 구현하기 어려워졌다. 가령 차량 앞에 갑자기 장애물이 나타나면 과거에는 사람이 판단해서 브레이크를 밟으면 전자화된 제동 장치가 노면 조건을 파악해서 가장 짧은 거리에서 차를 멈추도록 제어했다. 전자화가 되었다고 할지라도 어디까지나 브레이크를 밟는 최종 의사 결정자는 운전자였다. 하지만 지금은 운전자가 브레이크를 밟지 않더라도, 차량 스스로 엔진 회전수를 줄이고, 자동으로 브레이크를 작동시키며 승객의 안전을 위해 시트 벨트에 장착된 프리텐셔너(Pre-tensioner)가 운전자를 미리 꽉 잡아준다.

이처럼 각 부품이 서로 연계해서 구현하는 기능이 늘어나면서 〈자료 7-1〉과 같이 기계에 단순히 전자 장치가 더해진 방식으로 대응하기는 쉽지 않다. 이제 자동차는 고도의 계산 능력을 가진 컴퓨터(High Performance Computer, HPC)가 요구되는 시대로 접어들었다. SDV의 개념을 처음 실현한 것은 테슬라였다. 2014년 테슬라는 오토파일럿이라는 운전자 보조 장치(Advanced Driver Assistance System, ADAS)를 개발했다. ADAS는 차선 이탈 경고, 자동 긴급 제동과 같이 운전자를 보조하는 시스템을 말한다. 그런데 테슬라가 혁신적이었던 것은 단순히 ADAS를 장착한 게 아니라, 차량에 고성능 반도체 칩을 탑재하고 필요한 기능을 소프트웨어로 구현한 뒤, 이를 무선으로 업데이트할 수 있게 만든 점이다. 마치 스마트폰이 앱을 업데이트하듯, 자동차도 새로운 기능을 추가하거나 기존 기능을 개선할 수 있게 된 것이다.

우리는 흔히 테슬라를 전기차 만드는 회사라고 이야기한다. 실제로 테슬라는 2012년에 모델S를 출시하고, 2017년에 모델3를 판매하면서 전기차의 대중화 시대를 열었다. 하지만 테슬라는 배터리가 있는 전기차임과 동시에, 고도의 컴퓨팅 능력이 있어 차량에 사용되는 소프트웨어를 업데이트해서 새로운 기능을 부가할 수 있다. 이런 변화를 알려주는 대표적인 일화가 있다.

미국에 〈컨슈머 리포트〉라는 자동차 평가 잡지가 있다. 2018년 이 잡지는 테슬라의 모델3가 포드의 픽업트럭 F-150보다

가볍지만, 제동거리는 더 길다면서 모델3의 구매를 추천하지 않았다. 이것을 본 일론 머스크는 그의 트윗(현재는 X)에 OTA로 제동거리를 더 짧게 할 수 있을지 모르겠다고 적었다. 여기서 OTA(Over the Air)는 무선으로 소프트웨어를 업데이트하는 기술을 말한다. 실제 일주일 만에 테슬라 차량은 스마트폰처럼 소프트웨어 업데이트를 통해 모델3의 제동거리를 6미터 짧게 만들었다(참조: 시속 97km/h에서 정지까지의 거리 기준). 제동 장치는 자동차의 주요 기능 중 하나인데 무선으로 소프트웨어를 업데이트해서 이 문제를 해결해 버린 것이다. 결국 〈컨슈머 리포트〉는 모델3을 추천으로 변경했다.

주행·제동·조향 기능 업데이트되어야

작은 해프닝처럼 보이지만, 이 사건은 기존 자동차 메이커를 경악게 했다. 테슬라 차량은 SDV라는 용어가 사용되기 전부터 이미 소프트웨어로 자동차의 기능을 업데이트할 수 있는 소프트웨어 정의 차량(SDV)을 만들어 낸 것이다.

여기서 SDV란 용어를 다시 살펴보자. SDV(Software Defined Vehicle)란 고객에게 차량의 새로운 부가가치를 소프트웨어 업데이트를 통해 지속적으로 제공할 수 있는 차량을 의미한다. 단, 여기서 주의해야 할 것이 있다.

첫째, 단지 소프트웨어 양이 많다고 해서 SDV라고 부르지 않는다. 앞 절에서 언급한 것처럼 고급 차의 소프트웨어 길이는 이미 1억 행 수준이다. 소프트웨어의 양이 아니라 고객에게 새로운 서비스를 제공할 수 있어야 SDV라고 할 수 있다.

둘째, 차량의 기본 기능인 주행(Go), 제동(Stop), 조향(Turning) 기능 등이 업데이트되어야 한다. 내비게이션, 인포테인먼트 관련 기능만 업데이트하는 차량은 굳이 SDV라고 부르지 않는다.

〈자료 7-2〉는 SDV 차량에서 기계 – 전자 – 소프트웨어의 연결 관계(아키텍처)를 나타낸 것이다. 기존 차량은 기계 장치 내에 전자 장치가 있고, 그 속에 소프트웨어가 내장되어 있다. 하지만 SDV에서는 차량용 운영체제(OS)가 있다. OS란 응용 SW와 하드웨어(전자) 사이에서, 응용 SW 실행에 필요한 하드웨어 자원을 할당하고 관리하는 역할을 한다.

여기서 OS는 정부의 기능과 비슷하다. 정부는 토지, 예산 등의 자원을 국방, 복지 등에 할당한다. 비슷하게 컴퓨터에서는 윈도, 리눅스와 같은 OS가 CPU(중앙처리장치), 메모리와 같은 자원을 워드, 인터넷 등과 같은 응용 SW에 할당한다. 정부 조직에 국방부, 외교부가 있는 것처럼 컴퓨터 운영체제 안에는 파

　　　　　　　　　　　　　　　　　　　　스마트카 패권 전쟁

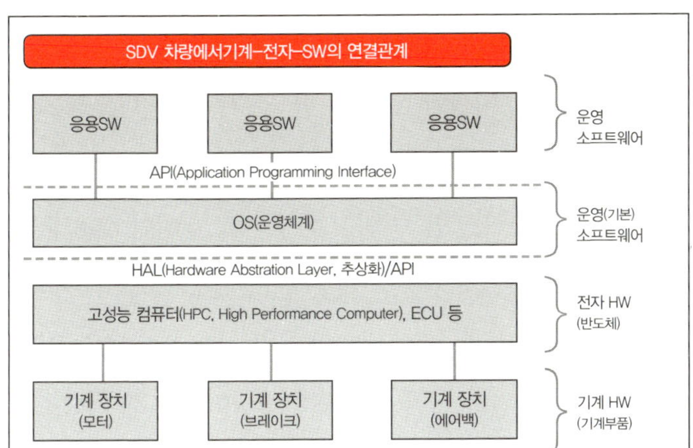

일 시스템 관리, 메모리 관리 등과 같은 기능별 관리 시스템이 있다.

이런 OS의 가장 큰 역할은 하드웨어와 소프트웨어를 분리한다는 점이다. 이렇게 되면, 자동차도 컴퓨터와 같이 보다 손쉽게 소프트웨어를 만들어 설치할 수 있게 된다.

HAL과 API

여기에서, HAL(하드웨어 추상화)과 API라는 2가지 용어를 추가로 이해할 필요가 있다. HAL(Hardware Abstraction Layer)을 직역하면 하드웨어(전자 HW) 추상화를 의미한다.

추상화란 말이 어렵게 느껴지지만, 우리는 이 개념을 부지불식간에 사용하고 있다. 가령 컴퓨터에서 워드 작업을 하고 난 뒤 하드디스크에 저장할 수 있고 외부 저장 장치인 USB에 저장할 수도 있다. 실제 컴퓨터 내부에서는 2개의 하드웨어(하드디스크와 USB)에 접근하는 방식이 다르지만, OS(운영체제)는 사용자가 그 차이를 전혀 느낄 수 없도록 만들어준다. 이것이 추상화(Abstraction)다. 이런 추상화가 이루어지면 소프트웨어 엔지니어는 손쉽게 프로그램을 짤 수 있다.

API(Application Programming Interface)는 일종의 신호 규칙이다. 자동차를 운전하면서 방향지시등으로 이동할 방향을 알려주거나, 브레이크를 밟았을 때 제동등이 켜져서 뒤차에 속도를 줄이라는 신호를 보낸다. 이런 종류의 신호는 직접적인 소통이 어려운 주체들 사이에 정보 전달 방식으로 유용하다.

소프트웨어, 인터넷 세상에서도 마찬가지다. 네이버가 지도를 제공하면서 이를 사용할 수 있는 규칙을 API 형태로 제공하면, 누구나 그것을 보고 스마트폰에서 네이버 지도를 활용한 앱을 만들 수 있다. 이처럼 API는 소프트웨어 생태계를 활성화하는 데 중요한 역할을 한다. 최근 중국 전기차가 빠른 성장을 한 이유 중의 하나가 차량용 API의 표준화 정책 덕분이다. 자세한 내용은 후술하겠다.

일본, 텐스토렌트에 반도체 설계 기술자 파견

차량 OS를 사용하면 100여 개의 ECU가 마치 스파게티 가닥처럼 복잡하게 얽혀 있는 기존 방식을 획기적으로 개선할 수 있다. 이를 위해 여러 개의 ECU를 통합할 수 있는 고성능 컴퓨터가 필요하다. 이것 또한 테슬라가 돌파구를 만들었다. 차량에 부착된 카메라 센서로 영상 데이터를 취득하고, 인공지능 알고리즘을 이용하여 자동운전을 실현하고 싶어 한 테슬라는 2019년 3월에 FSD라는 이름의 컴퓨터를 개발하여 차량에 장착했다. 여기서 FSD는 '완전 자동운전(Full Self Driving)'의 약자다. 실제로 완전 자동운전을 할 수 없지만, 어찌 되었든 테슬라는 FSD란 이름을 붙였고 이 용어로 규제당국과 여러 가지 다툼이 있다.

　FSD 컴퓨터에는 반도체 칩의 사고·고장에 대비하여 2개의 FSD 칩이 들어가 있는데, 칩 하나당 데이터 처리 속도는 36 TOPS(Tera Operations Per Second)이다. 1테라(Tera)는 10^{12}을 의미한다. 즉 36 TOPS는 1초에 36조의 연산을 수행하는 반도체이다.

이 반도체 칩을 설계한 사람은 짐 켈러다. 그는 2016년 반도체 설계 전문회사인 텐스토렌트(Tenstorrent)라는 스타트업을 설립했고, 2023년에는 현대차와 삼성전자, LG전자가 투자했다. 일본은 2024년 하반기부터 30~40대의 반도체 설계 기술자 200명을 선발하여 텐스토렌트에 파견을 보낸다고 한다. 바야흐로 자동차 회사가 운영체제도, 소프트웨어도, 반도체 설계에도 직접적으로 관여해야 하는 시대에 접어들었다.

소프트웨어 퍼스트

지금 자동차 산업에서는 SDV와 함께 소프트웨어 퍼스트(Software First)라는 용어가 유행하고 있다.

앞에서 기존 자동차의 개발 방식은 기계 부품→전자 부품(ECU)→소프트웨어의 순서로 진행되었는데 이 방식이 점점 문제가 된다. 특히 하드웨어의 개발 기간에 비해 소프트웨어 개발 기간이 늘어나고, IT 산업의 발전 속도가 빨라 기존 자동차 메이커의 개발 체제로는 감당하기 힘들어졌다. 그래서 소프트웨어 퍼스트라는 개념이 나왔다.

〈자료 7-3〉은 2023년 11월, 토요타의 SDV 관련 책임자인 무라타 겐이치가 소프트웨어 퍼스트를 설명하는 내용 중 일부다. 그는 게이오대에서 컴퓨터공학 박사 과정을 수료하고, 1996년부터 2008년까지 소니에서 소프트웨어 아키텍처와 OS 관련 일을 하다가, 2008년부터 토요타에서 소프트웨어 관련 업무를 해온 사람이다. 이제 자동차 분야에서 컴퓨터공학을 전공하고 전자 회사에서 실무를 경험한 엔지니어를 곧잘 만날 수 있다. 시대가 변했음을 방증한다.

그의 설명에 따르면, 기존 자동차 산업에서는 〈자료 7-3〉의 왼쪽에 표시한 것처럼 ①차량이 필요로 하는 기능 요구사항을 먼저 정의하고 ②정의된 기능을 구현하기 위한 ECU 하드웨어를 선택한 뒤 ③각 ECU에 들어갈 소프트웨어를 개발하고 ④ ECU 간 통신을 하면서 기능을 평가하는 순서로 차량을 개발했다. 차량을 제어해야 할 양이 한정된 상황에서, 사용하는 ECU 능력을 최대한으로 활용할 수 있다. 단, 이 방식으로는 소프트웨어 개발 기간을 충분히 확보하기 힘들다.

그래서 〈자료 7-3〉의 오른쪽에 표시한 방식으로 개발 방식을 변경하였다. 먼저 ①차량이 필요로 하는 기능 요구사항을 정의한 후에 ②기능 요구사항을 만족시킬 소프트웨어의 전체

〈자료 7-3〉 소프트웨어 퍼스트

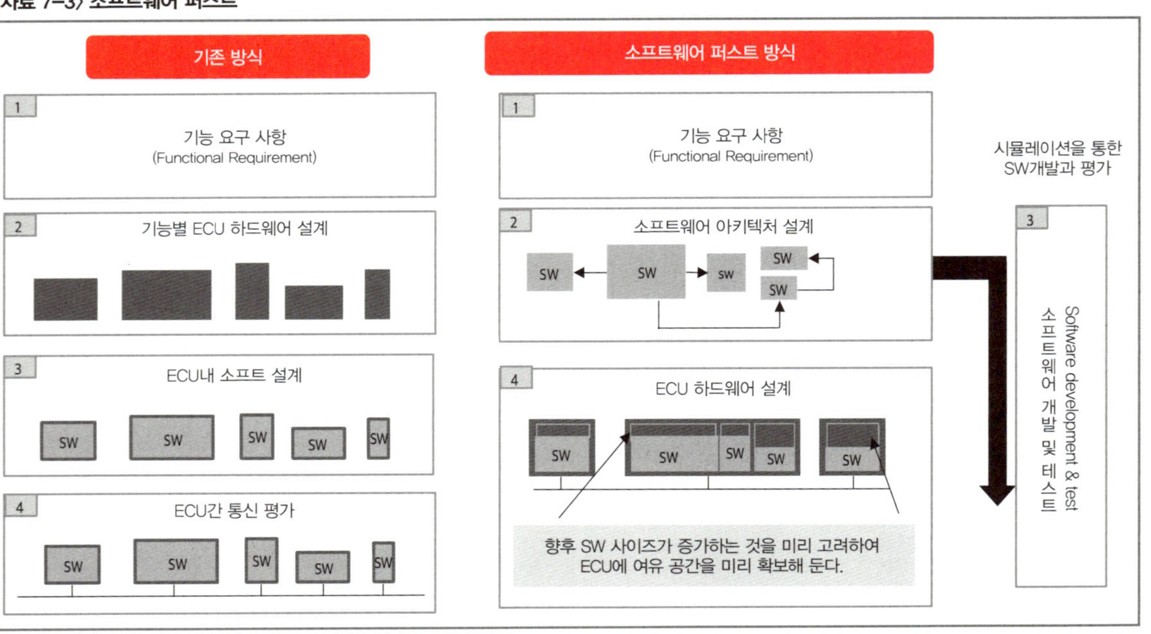

출처: 토요타

구조(아키텍처)를 먼저 설계하고 개발한다. ③단 ECU 하드웨어가 아직 존재하지 않기 때문에 소프트웨어는 가상공간에서 시뮬레이션을 통해서 개발해 나간다. 마지막으로 ④SW가 들어갈 ECU 하드웨어를 선정하여 적용한다. 이렇게 하면 소프트웨어 개발에 필요한 충분한 시간을 확보할 수 있다. 그리고 향후 SW가 업데이트될 것을 고려해 비용이 들더라도 충분히 여유 있는 ECU를 확보해서 사용한다.

지금까지 설명한 것처럼 자동차가 소프트웨어가 정의된 차량으로 바뀌면 어떤 이점이 생길지 간단히 정리해 보자.

첫째, 소프트웨어 기능 개발에 충분한 시간을 확보하여 제품 경쟁력을 확보할 수 있다.

둘째, 하드웨어와 소프트웨어가 분리되면서 소프트웨어 개발이 쉽고, 소프트웨어 업데이트를 용이하게 할 수 있어 고객 만족도를 올릴 수 있다.

셋째, 소프트웨어를 통해 각 사용자에 대한 맞춤 서비스를 제공할 수 있고, 자동차 메이커는 차량 판매 이후에도 소프트웨어 판매로 수익을 확보할 수 있다. 지금 자동차 메이커는 이와 같은 SDV를 구현하기 위해 총력전을 펼치고 있다.

중국, 정부 주도로 API 표준화

자동차가 SDV로 전환하는 방식은 국가별로 다르다. 기존 자동차 메이커와 신흥 전기차 메이커 또한 큰 차이를 보인다.

미국의 혁신은 역시 슈퍼맨 방식이다. 일론 머스크라는 걸출한 인물이 나와 기존 자동차의 문제점을 보고 근본부터 바꿔버리는 방식이다. 중국은 정부의 여러 가지 산업 지원 정책과 함께 또 그 나름의 기술 중심 창업자가 나타나면서 SDV로 전환을 이루어내고 있다. 일본은 경쟁사를 철저히 조사하고, 자국 기업과 정부 관료가 모여 토론하면서 하나씩 개선하는 방식이다.

이뿐 아니다. 중국 정부는 차량용 소프트웨어의 생태계를 활성화하는 역할을 했다. 중국자동차협회(CAAM)는 테슬라 차량이 전기차임과 동시에 소프트웨어 정의 차량이라는 것을 알아차리고 API 표준화 정책을 추진했다. 2020년 12월에 중국자동차협회는 SDV 연구 그룹을 결정하였고, 2021년 4월부터 자동차 메이커와 관련 기업들이 참가하여 SDV에 필요한 API를 정의하고 표준화하기 시작했다. 그리고 2021년 10월부터, 2022년 11월까지 4차례에 걸쳐 API 표준안을 발표했다. 이렇게 해서 만든 표준안이 실제 차량에 적용되고 있다. 중국 전기차 메이커인 BYD, 샤오펑 등은 이미 테슬라처럼 SDV 차량을 구현하고 있다.

중국을 따라 배우는 일본

일본 기업은 차근차근 나아가고 있다는 느낌이다. 필자는 2024년, 2025년 연속으로 일본 도쿄에서 열린 SDV 서밋에 참가했다. 2024년에는 일본 경제산업성 모빌리티 DX실의 책임자가 첫 번째 연사로 나와서 일본 정부의 모빌리티 디지털 전환 전략을 설명했다. 이 내용 중에 흥미로운 것은 배터리, 카메라 센서, 충전 장치 등과 자동차 간의 정보 전달 방식인 API를 표준화, 공용화시키겠다는 정책이었다. 일본 정부가 중국 자동차 산업 정책을 따라 한 것이다.

두 번째 연사로 나온 나고야대의 모빌리티 사회연구소 소장이자, SDV 전문가인 다카다 교수는 중국자동차협회가 공개한 표준화된 API를 분석한 결과 앞으로 검토하거나 개선할 여지가 많다고 발표했다. 그러면서 기업으로부터 받은 기부금으로 '오픈 SDV 이니셔티브'라는 기구를 발족하고 일본 자동차 메이커의 장점을 살릴 수 있도록 차량용 API 표준 사양을 만들어

내년 3월에 공개하겠다고 발표했다.

2025년에는 토요타 디지털 소프트웨어 개발센터의 무라타 겐이치가 〈SDV를 만드는 방법〉이라는 제목으로 발표했다. 그는 차량에 탑재되는 소프트웨어 규모가 폭발적으로 증가했고, 짧은 주기의 OTA(무선 업데이트)로 신기능을 지속 투입하는 능력이 곧 경쟁력이 되었다고 강조했다. 더 이상 연식 변경이나 페이스리프트 시점만을 기다리지 않고 지속적으로 새로운 기능을 제공할 수 있어야 한다고 했다. 따라서 경쟁의 초점은 '얼마나 많은 소프트웨어를 넣었는가?'가 아니라 품질을 떨어뜨리지 않으면서 얼마나 효율적으로 개발·검증·배포할 수 있는가에 맞춰져야 한다. 이를 위해 최신 소프트웨어 공학 기법과 도구, 테스트 자동화, 가상 개발·시뮬레이션 환경을 아우르는 개발 프로세스의 전면 재설계가 필수적이라고 강조했다. 즉, SDV는 유행어가 아니라, 제품개발 방식 자체의 전환을 요구하는 혁신인 것이다.

제조업이라는 것은 뭔가를 만들어 내는 것이기에 항상 눈에 보이는 형상, 손으로 만질 수 있는 물건이 존재한다. 하지만 소프트웨어는 눈으로 볼 수 없는 것이기에 과거 한국 제조업이 걸어온 길과 다른 측면이 있다. 눈에 보이지 않는 것이기에 조직 구성원 간에 공통의 대상을 놓고 논의하기가 힘들다. 소프트웨어는 고도의 지적 작업으로 결과물을 만들어 내지만, 만질 수 없는 것이기에 폄하 되기 쉽다.

이것은 기존 자동차 회사가 SDV라는 새로운 개념의 자동차를 만들어 내는 데 힘들어하는 이유 중의 하나다. 그래서 거의 모든 기존 자동차 메이커는 우왕좌왕하고 있다. 이럴 때일수록 기계, 전자, 소프트웨어 공학의 차이와 일하는 방식을 서로 이해할 필요가 있다. 서로 간의 이해가 기계, 전자, 소프트웨어의 융합된 형태의 차량을 만들어 낼 수 있기 때문이다.

하지만 지금 한국의 제조업은 과거와 달리 글로벌화되고 전문화되어 있다. 구성원 대부분이 각자 좁은 전문적인 영역에서 일을 하면서 업무 효율을 향상시키는 가운데 성장해 왔다. 하지만 기계, 전자, 소프트웨어가 융합되어야 하는 시점에서는 오히려 영역을 뛰어넘는 사람이 필요하다.

자동차의 SDV화를 빠르게 성공시킨 회사들은 대부분 규모가 작은 회사들이다. 규모가 작으면 일하는 업무 영역이 넓어진다. 테슬라의 일론 머스크를 보라. IT 전문가인지 우주선 발사 전문가인지 알기 힘들 정도로 그의 활동 영역은 넓다. 이럴 때일수록 업무 영역이 넓은 엔지니어를 발굴하고 키워 나갈 필요가 있다.

소프트웨어 퍼스트니, SDV니 하는 용어들은 결국 고객에게 좋은 가치를 가진 차량을 제공하기 위한 목적을 만족시키기 위한 일종의 수단에 불과하다. 보통 인기 있는 새로운 용어가 나오면 목적과 수단을 혼동하기 쉽다. 그래서 소프트웨어로 구현한 결과물을 계속 구성원과 공유하면서 구현한 가치를 인정받을 수 있도록 해야 한다.

목표는 원대할 수 있어도 수단은 구체적이어야 한다. 중국 정부는 중국 자동차 산업의 현실을 직시하고 전기차를 집중적으로 지원했다. 그리고 차량용 소프트웨어 생태계를 만들어가기 위해 API 표준화를 실시했다. 일본도 이것이 필요하다고 판단해서 따라간다. 자동차 산업을 펼치는 한국 정부의 정책도 이웃 나라의 자동차 산업 정책처럼 소프트웨어 생태계를 활성화시킬 구체적인 방안이 필요하다.

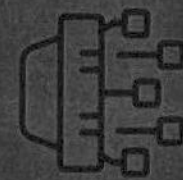

스마트카를 위한 모(母)생태계

'스마트카를 위한 모(母)생태계' 형성을 알리다

2025년 4월 23일~5월 2일 중국 상하이에서는 '혁신의 수용, 미래 역량의 강화'라는 주제로 상하이 모터쇼(정식 명칭은 '오토 상하이 2025')가 열렸다. 미·중 관세 전쟁이 격화되는 가운데 중국 기업들이 세계를 향해 자국 자동차 기술을 과시하는 자리였다. 필자는 4월 23일부터 27일까지 상하이를 방문, 이 중 이틀간 모터쇼를 돌아보면서 자동운전 차량을 시승해 보고, 관계자와 인터뷰하면서 중국 자동차 산업의 발전에 아연실색했다.

자동차 산업에 대해 잘 아는 사람이라면 보쉬, 덴소, CATL(배터리 제조사)이라는 회사 이름을 들어본 적이 있을 것이다. 그러면 혹시 '지평선' '상탕(商湯)' '모멘타' '흑참깨'라는 회사 이름은 들어본 적이 있는가? 이 회사들은 자동차의 스마트화를 구현하는 중국 회사들이다. 이번 상하이 모터쇼는 과거 필자가 방문했던 2023년 광저우 모터쇼, 2024년 베이징 모터쇼와 크게 다른 점이 하나 있었다. 그것은 바로 부품사들이다.

과거 모터쇼는 자동차 중심이었다. 부품사의 전시가 있기는 했지만 제한적이었다. 하지만 이번 모터쇼는 부품사가 전체 면적의 3분의 1인 10만 평방미터를 차지하고 있었다. 참가한 부품사 중 모비스, 보쉬, CATL과 같은 전통적인 부품사가 절반을 차지했지만, 나머지 절반은 '지평선' '상탕' '모멘타' '흑참깨' 등 차량용 반도체 칩 및 소프트웨어 솔루션을 제공하는 100여 개 회사가 차지했다. 배터리 메이커는 이제 기존 부품사로 분류해도 될 만큼 새로운 부품사들이 많이 자리했다.

모(母)생태계

우리는 흔히 지금의 자동차 산업을 두고 100년 만의 대전환기라고 이야기한다. 1908년 헨리 포드가 'T카'리는 대중적 자동차를 만들어 보급했다. 자동차가 처음 생길 당시에는 현대적인 도로도, 주유소도 없었다. 하지만 자동차가 등장하면서 고속도로가 생기고, 교통신호 체계가 생기고 교통사고를 처리하기 위한 보험사도 생겼다. 자동차의 탄생으로 다른 여러 산업 생태계가 만들어졌기에 자동차 산업을 '모(母)생태계(Mother

Ecosystem)'라고 부른다.

모생태계라는 용어는 중국의 산업 전문가들 사이에서 활발하게 논의되는 개념으로, 이것을 처음 제창한 사람은 전(前) 바이두 사장인 루치(陸奇) 박사다. 그는 미국 마이크로소프트에서 부사장을 지내면서 검색 엔진 빙(bing)을 만들었다. 바이두에서는 무인운전 기술의 연구 개발을 강화했다.

모생태계의 다른 사례는 1980~1990년대의 PC(개인용 컴퓨터)다. PC 생태계는 마이크로소프트, 인텔, IBM과 같은 기업들을 탄생시켰고, 이들은 지금도 여전히 세계적인 테크 기업으로 군림하고 있다. 2000년대 이후에는 스마트폰이란 모생태계가 등장했는데, 이것은 iOS와 같은 운영체제, 반도체, 통신 산업의 발전 과정에서 만들어졌다. 이로 인해 퀄컴, 미디어텍 같은 칩 회사가 성장했고, 애플과 같은 거대 스마트폰 기업이 등장했다. 만약 스마트폰이 없었다면, 오늘날의 소셜미디어, 모바일 결제는 존재하지 않았을 것이다. 즉 '모생태계'는 거대한 무형의 영향력을 가지며 작은 하위 생태계와 기업을 만들어 낸다.

〈자료 8-1〉은 칭화대 자동차 산업 및 전략연구원 원장인 자오푸취안(Zhao Fuquan, 趙福全) 교수가 지은 《자동차 기술 생태 혁신》(2023년, 기계공업출판사)이란 책에서 가져온 것이다. 그는 이 책에서 지난 100년간 자동차가 세상을 바꾸었다면, 스마트카

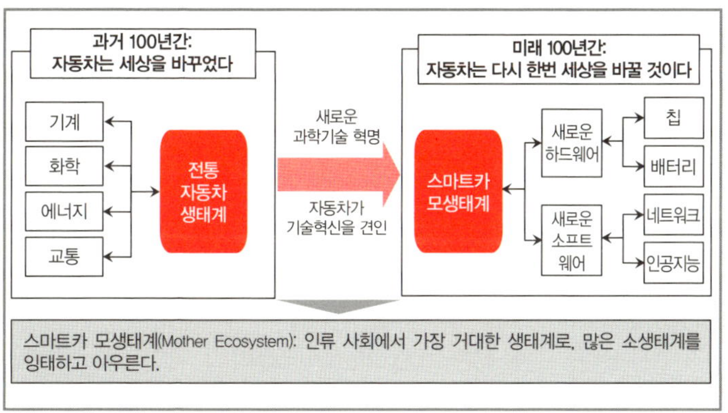

출처: 《자동차 기술 생태혁신》, 2023년, 자오푸취엔

(중국에서는 '지능자동차'라고 함)는 다가올 100년의 미래를 바꿀 가장 거대한 모생태계라고 전망했다.

소프트웨어 체인의 세상

자오푸취안 교수는 자동차 산업 100년 만의 대전환을 단순히 내연기관에서 전기차로의 전환으로 인식하는 것이 아니라, 모생태계의 전환으로 인식하고 있다. 그래서 중국 기업은 다소 무리를 해서라도 스마트카의 모생태계를 선점해야 한다고 주장하고 있다. 그는 일본 히로시마대에서 엔진으로 박사 학위를 받았다. 기존 자동차 산업의 모생태계를 너무나 잘 아는 인물이 하는 주장이라 더욱 흥미롭다.

필자는 과거 토요타 생산 방식을 중국 현지 공장에 적용, 구현하기 위해 몰두한 경험이 있다. 3년간 중국 전역을 돌아다니며 고객들이 어떻게 차량을 주문하고 어떻게 부품이 공급되며, 또 만들어진 완성차가 어떻게 고객에게 인도되는지 과정을 연구 조사했다. 그때 필자는 SCM, 즉 서플라이 체인 매니지먼트(Supply Chain Management)라는 용어를 사용했다. 부품사와 완성차 메이커가 서로 연결되어 있다는 의미의 체인이란 단어는 생태계의 핵심을 대변한다. 필자가 했던 일은 〈자료 8-1〉의 왼쪽 부분에 해당하는 것으로 눈에 보이는 하드웨어의 세계였다.

하지만 이번 상하이 모터쇼를 보면서 자동차 생태계가 〈자료 8-1〉의 오른쪽에 있는 생태계로 변환하고 있다는 것을 직감했다. 자동차 전시장에는 차량과 함께 컴퓨터 칩과 배터리가 같이 전시되어 있었고, 자동운전 솔루션을 제공하는 회사 전시장에 가 보니 자사의 자동운전 솔루션이 이런저런 완성차 회사에 적용되었음을 크게 선전하고 있었다. 〈자료 8-1〉의 왼쪽이 공장에서의 생산, 물건(부품)의 이동, 하드(Hard)한 세상이라면, 〈자료 8-1〉의 오른쪽은 연구소에서의 개발, 정보의 이동, 소프트웨어 체인의 세상이다. 2025년 상하이 모터쇼는 한마디로

‘스마트카를 위한 모생태계’가 형성되었음을 알리는 자리였다.

참고로, 자오푸취안 교수는 현재 칭화대학 차량운송대학 (School of Vehicle and Mobility, SVM) 소속 교수이다. 2019년 4월, 칭화대학은 기존의 ‘자동차공학과’를 단과대학급인 ‘차량운송대학’으로 확대 개편했다. 흥미로운 점은 그는 공과대학 소속 교수임에도 불구하고, ‘자동차 산업 전략’을 연구하고 있다는 점이다. 기계공학을 베이스로 하는 공과대학 내부에 산업 전략을 논하는 전담 연구소와 교수가 존재한다는 것은, 중국이 자동차 산업을 단순한 기술 개발의 대상을 넘어 국가적인 산업 전략 차원에서 얼마나 치밀하게 다루고 있는지를 보여주는 방증이다.

필자는 지난 2025년 10월 15일, 중국 베이징에서 그를 직접 만났다. 그는 영어와 일본어에 모두 능통했는데, 필자 역시 일본 유학 경험이 있어 우리는 일본어로 대화를 나누었다. 우리 두 사람은 일본에서 공학 박사 학위를 받았지만, 현재는 기술 그 자체보다 자동차 산업과 전략을 연구하고 있다는 공통점이 있었다. 덕분에 우리는 기술적 디테일과 거시적 전략을 넘나들며 깊은 공감대 속에서 대화를 이어갈 수 있었다.

이제 운전의 주체는 컴퓨터

이런 관점에서 이번 상하이 모터쇼에서 보았던 내용을 이야기해 보고자 한다. 이에 앞서 최근 자동차 기술의 변화에 대한 사전 지식 몇 가지를 설명하겠다.

과거 자동차는 사람이 운전의 주체였다. 사람이 눈으로 주위를 살피면서, 손으로는 핸들을 잡아 방향을 조종하고, 발로 액셀과 브레이크 페달을 밟아 가속이나 감속을 한다. 하지만 이젠 점점 운전과 판단의 주체가 사람이 아니라 컴퓨터가 되고 있다.

가령 최근에 출시된 차에는 '터널 연동 자동제어장치'가 있다. 이것은 운전하다가 터널 앞에 다다르면 자동으로 창문을 닫고 전조등을 켜고, 외부 공기를 차단하는 장치다. 창문, 전조 장치, 공조 장치, 내비게이션 등에 각각 붙어 있는 ECU(Electric Control Unit)라는 컴퓨터가 연계해서 고객에게 편의를 제공한다.

여기서 기능(function)과 피처(feature)를 구분할 필요가 있다. 창문을 닫고, 전조등을 켜는 것 각각은 하나의 독립적인 기능이다. 이런 기능을 모아서 운전자에게 즐거움을 주는 새로운 기능(터널 연동 자동제어장치)을 피처라고 한다.

〈자료 8-2〉 전기전자 아키텍처의 전환

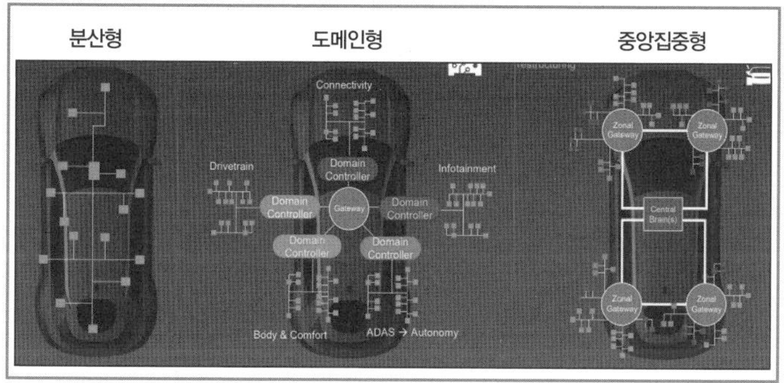

출처: NXP Semiconductor

〈자료 8-2〉는 자동차의 전기/전자 아키텍처가 어떻게 변화하고 있는지를 보여준다. 이 변화는 크게 세 단계로 나누어 볼 수 있다.

첫째는 분산형(Distributed) 아키텍처다. 과거 자동차는 각 기능(엔진, 브레이크, 에어백 등)을 제어하기 위해 개별 전자제어장치(ECU)가 차량 곳곳에 분산되어 탑재되었다. 고급 차의 경우 100개가 넘는 ECU가 사용되기도 했다. 이 방식(〈자료 8-2〉의 왼쪽)은 ECU 수가 증가함에 따라 이것들을 연결하는 전기 배선(Wire Harness)이 극도로 복잡해지고 무게가 증가하며, 새로운 기능(피처)을 추가하거나 업데이트하기 어려운 문제를 낳았다.

둘째는 도메인(Domain) 아키텍처다. 분산형 구조의 난잡한 배선 문제를 해결하기 위해 파워트레인, 안전 시스템, 인포테인먼트 등 각 기능 요소(도메인)별로 제어기를 장착하는 방식이다. 단, 이 방식도 각 도메인 컨트롤러가 차량 전체를 커버해야 하므로, 차량 끝에 있는 부품이라도 자신을 담당하는 컨트롤러까지 긴 전선을 연결해야 한다. 완전한 최적화로 가기 위한 중간 단계로 인식되고 있다.

셋째는 존(zone) 기반 중앙집중형 아키텍처다. 이 구조는 차량을 물리적인 '구역(Zone)'으로 나누고, 각 구역 내 센서와 액추에이터들을 영역 제어기(Zone Controller)가 통합 관리한다. 이 영역 제어기들은 차량 중앙의 강력한 고성능 컴퓨터(HPC)에 연결된다. HPC에는 엔비디아 칩이나 자동차 회사가 자체 개발한 고성능 시스템 온 칩(SoC)이 탑재되며, 이곳에서 차량 전체를 아우르는 운영체제가 구동된다.

자동운전과 자율주행

한국에서는 자율주행(autonomous driving)이란 용어를 광범위하게 사용하고 있지만 적절해 보이지 않는다. 유럽에서 2011년 SMART64라는 프로젝트를 통해 정의한 바에 의하면, '자동운전(automated driving)'은 '시스템이 사람의 운전을 보조하지만, 법적 책임은 운전자에게 있는 상태', '자율주행'은 '시스템이 차량을 완전히 제어하며 운전자가 없어도 되는 상태'를 말한다. 미국·일본에서도 과거에는 이 두 용어를 혼용하여 사용하다가, 최근에는 두 용어의 의미를 명확히 구분하여 사용하고 있다. 그래서 필자는 상황에 따라 인간의 개입이 필요하다는 의미에서 '자동운전'이라는 용어를 사용하거나, '첨단 운전자 지원 시스템'이라는 의미의 ADAS(Advanced Driver Assistance Systems)라는 용어를 사용하겠다.

이 '자동운전' 기술은 최근에 큰 변화를 맞이하고 있다. 먼저, 흔히 자동운전 1.0이라고 하는 룰베이스드(Rule-Based) 자동운전 방식에 관해 설명하겠다. 〈자료 8-3〉의 상단처럼 이 방식은 자동차가 카메라·레이더 같은 센서로 도로 상황을 인식한 뒤, 미리 정해진 규칙에 따라 운전한다. 이 과정은 크게 네 단계로 나뉜다.

첫째, '인지' 단계에서 카메라와 각종 센서를 통해 차선, 신호등, 보행자를 식별한다. 둘째, '예측' 단계에서 주변 차량이나 보행자의 움직임을 미리 내다본다. 셋째, '판단/계획' 단계에서 '신호등이 빨간색이니 멈춘다'와 같은 판단 및 '장애물을 피해 어떤 경로로 이동할지'를 결정한다. 그리고, 마지막 '제어' 단계에서 실제로 핸들을 돌리거나 브레이크를 밟는다.

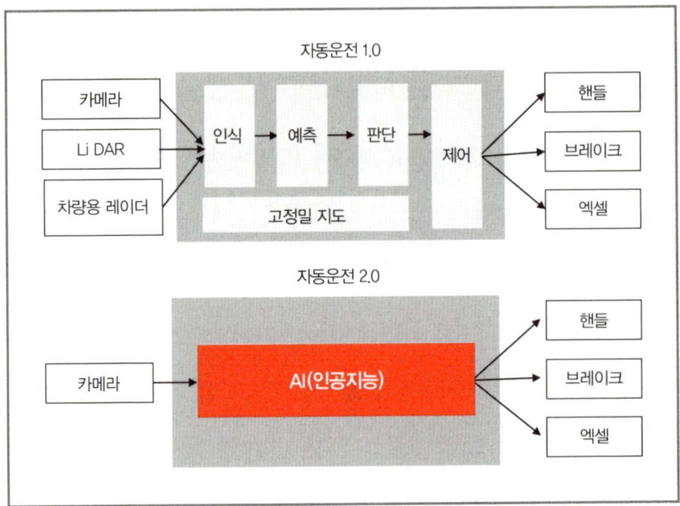

출처: 〈닛케이 모빌리티〉, 2024년 7월 22일

이 방식은 인지 단계에서 부분적으로 인공지능을 사용하지만, 그 이후의 과정은 엔지니어가 미리 정해 놓은 '규칙'을 따른다. 가령 "고속도로에서 앞차와의 간격이 20미터 이하가 되면 차량 속도를 줄인다"라는 식으로 사람이 일일이 코딩하는 것이다. 이 방식은 인과관계가 명확하고 직관적이라 이해하기 쉽다. 하지만 수만 가지 돌발 상황이 발생하는 도로 환경을 엔지니어가 일일이 규칙으로 규정하기 어렵고, 예외 상황에 대비해 규칙을 추가하면 할수록 프로그램이 지나치게 커진다.

자동운전 2.0 시대

지금 자동운전은 센서에서 받은 데이터를 처음부터 끝까지 인공지능을 사용하여 통합적으로 처리하는 '엔드 투 엔드(End to End, 이하 E2E) 방식'으로 전환하고 있다. 즉 자동운전 2.0 시대에 진입한 것이다.

이것은 카메라와 같은 센서로 도로를 보는 순간부터 핸들을 돌리고 브레이크를 밟는 동작까지 모두 인공지능이 판단한다. AI는 수십억km의 주행 데이터를 학습, 규칙을 코딩하지 않아도 스스로 운전하는 법을 터득한다. 테슬라는 2023년 과거 룰 베이스드 방식에서 E2E 방식으로 자동운전 방식을 전환했고, 이 과정에서 수작업 코드를 30만 줄 이상 줄였다고 밝혔다.

그런데 E2E에도 약점이 있다. 가장 큰 문제는 AI가 왜 이런 결정을 내렸는지 설명하기 어렵다. 사고가 나면 원인을 파악하기 힘들이 책임 소재를 두고 논란이 생길 수 있다. 또한 E2E는 방대한 데이터와 막대한 컴퓨팅 자원이 필요하기에, 이를 감당할 수 있는 기업만이 구현이 가능하다. 한마디로 머니 게임이다.

이상과 같은 사전 지식을 가지고 상하이 모터쇼에서 출품된 중요 차량과 기술을 스마트카 모생태계라는 측면에서 살펴보자.

먼저 스마트카의 두뇌에 해당하는 SoC를 보자. 지금 중국에서는 ADAS(첨단운전자지원시스템)용 SoC를 둘러싼 경쟁이 뜨겁다. 엔진의 성능을 중요시한 과거와 달리 스마트카로 전환되면서 컴퓨터 칩이 자동차의 가장 중요한 부품으로 떠오르고 있다.

지금 중국에서는 차량의 두뇌에 해당하는 SoC 탑재를 두고 3가지 방향으로 전개되고 있다. 즉 ①엔비디아 칩을 사용하거나, ②자동차 회사가 직접 개발하거나, ③중국 내 전문회사가 개발한 칩을 사용하는 방식이다.

먼저, 엔비디아는 2024년에 토르(Thor)라는 SoC를 만들었다. 이것은 2,000 TOPS의 연산 성능을 가지고 있다. 1 TOPS는 1초에 1조 회의 연산을 한다는 의미다. 따라서 토르는 1초에 2,000조 회의 연산을 하는 칩이다.

2025년 상하이 모터쇼에서 선보인 BYD의 고급 브랜드 덴자(Denza) Z라는 차량에, 지리의 고급 브랜드 지커(Zeekr)의 '9X' 차량에 엔비디아의 토르 칩이 장착되었다.

한편, 중국의 신흥 전기차 업체들은 '탈(脫) 엔비디아'를 시도하고 있다. 미·중 패권 경쟁 속에서 중국 정부는 중국산 반도체 사용을 권장하고 있다. 이러한 배경 속에서 중국의 신흥 EV 업체인 니오와 샤오펑은 그간 엔비디아의 SoC를 사용하다가 최근 자체 칩을 개발하고 있다. 이를 증명하듯 니오가 이번 상하이 모터쇼에서 공개한 플래그십 전기차 'ET9'에는 자사가 개발한 ADAS용 SoC를 탑재했다. 이는 TSMC의 5나노미터(nm) 공정으로 제조되었으며, 연산 성능 또한 엔비디아의 토르에 필적한다. 샤오펑도 2025년 6월부터 자사가 개발한 칩을 사용하겠다고 밝혔다. 연간 30만 대를 겨우 판매하는 니오와 샤오펑이 막대한 투자비가 필요한 SoC를 개발한다는 것이 놀랍지 않을 수 없다.

지평선, 폭스바겐 차량에도 SoC 공급

또 다른 그룹으로는 자율주행 솔루션과 반도체(SoC) 설계를 동시에 수행하는 중국의 신흥 기술 기업들이 있다. 대표적인 곳이 바로 서두에서 언급한 '지평선'이다. 지평선의 영어 사명은 '호라이즌 로보틱스(Horizon Robotics)'다. 이 회사는 2015년 설립 당시에는 ADAS용 알고리즘 소프트웨어로 시작했지만, 2017년부터는 하드웨어인 SoC 개발로 사업 영역을 확장해 지금은 두 가지를 모두 아우르는 기업이 되었다.

이 회사의 창업자인 위카이(余凱, Yu Kai) 박사는 독일 뮌헨대학교에서 컴퓨터공학 박사 학위를 받고 귀국한 인재다. 그는 2012년 바이두에 합류해 딥러닝 연구소(IDL)를 설립했다. 흥미로운 점은 중국 자율주행 생태계를 이끄는 수많은 스타트업 창업자들이 위카이처럼 바이두 출신이라는 사실이다. 중국 업계에서는 바이두를 일컬어 '자동운전 사관학교'라고 부른다. 이는 막대한 자본과 대규모 인력이 투입되어야 하고, 실제 사회 속에서 실물을 검증해야 하는 자율주행 기술의 특성상, 대학 연구실보다는 치열한 비즈니스 현장이 인재를 키우는 실전 배움터가 되었음을 의미한다.

필자는 2025년 상하이 모터쇼 방문 시 호라이즌 로보틱스의 자동운전 차량을 직접 1시간 정도 시승해 보았다. 차량의 내비게이션에 이동할 경로를 미리 지정해 두면 차량이 알아서 주행하는 방식이었는데, 복잡한 시내 도로와 교차로 등 다양한 길을 큰 무리 없이 통과했다. 1시간 동안 운전자 개입한 것은 딱 한 번 있었는데, 도로상에서 사고가 난 차량이 앞을 가로막고 있는 경우였다. 현재 지평선의 SoC는 BYD, 체리, 상하이기차의 중국 토종 브랜드뿐만 아니라, 폭스바겐의 차량에도 공급하고 있다.

폭스바겐은 2020년 소프트웨어 자회사인 카리아드(CARIAD)라는 자회사를 설립했고, 2022년에는 지평선에 24억 유로(약 3.5

조 원)를 투자하여 합작법인 카리존(CARIZON)을 설립했다. 2024년 기준으로 본사에 카리아드에 5500명, 카리존에 500명 직원이 근무한다. 이번 상하이 모터쇼에서 폭스바겐 그룹(CARIAD China)은 중국 내에서 독자 개발한 자동운전 시스템을 사용했다고 공식 발표했다. 폭스바겐도 이젠 중국의 생태계를 이용하지 않으면 안 되는 시대가 된 것이다.

상하이, 중국 인공지능 연구의 메카

이제 자동운전 소프트웨어 솔루션을 제공하는 회사를 살펴보자. 테슬라의 일론 머스크가 2023년 8월에 E2E 방식으로 자동 운전하는 차량을 시연하고 2024년 4월에 고객에게 서비스를 제공했다. 중국 기업들은 테슬라가 하는 방식을 따라가고 있다.

이번 모터쇼가 열린 상하이는 중국에서 '인공지능 연구의 메카'라고 불린다. 상하이는 2018년부터 매년 '세계인공지능대회(WAIC)'를 개최해 오고 있으며, 2019년 대회에는 일론 머스크가 직접 참석해 전 세계의 주목을 받기도 했다. 2020년에는 상하이시가 주도하여 '상하이인공지능연구소'를 설립했다.

이 연구소에 있는 오픈 드라이브 랩(Open Drive Lab)이 2023년에 E2E 방식으로 자동운전을 하는 UniAD라는 모델의 논문을 인공지능 분야의 최고 학회인 CVPR(Computer Vision and Pattern Recognition)에 제출했다. 이 논문이 최고 우수상(Best Paper Award)을 수상하면서, 그동안 E2E 방식에 대한 회의적인 시각을 완전히 불식시켰고 중국 기업이 룰베이스드 방식에서 E2E 방식으로 전환하는 계기가 되었다.

이 논문 연구에 공동 참여한 기업으로 상탕과 화웨이가 있다. 상탕이란 회사명은 중국 고대 국가인 상(商)나라와 이를 세운 탕왕(湯王)에서 따온 것으로 한국에서는 영어 회사명인 센스타임(Sensetime)으로 알려져 있다. 화웨이도 상하이인공지능연구소와 공동 연구한 결과를 바탕으로 자동운전 2.0 기술을 강화하여 자사 브랜드인 아이토(Aito)에 적용하는 등 시장 확대에 나섰다.

이번 상하이 모터쇼를 통해 중국의 자동차 메이커인 둥펑기차가 상탕의 UniAD 알고리즘을 도입하겠다고 발표했다.

1시간 만에 1만 대 주문받은 전기차

이번 상하이 모터쇼에서 필자가 주목한 또 다른 회사는 모멘타 (momenta)다. 2016년에 창업한 이 회사는 독자적인 E2E 방식으로 자동운전 솔루션을 제공하는 회사로, 상하이기차, 토요타, GM 등의 자동차 메이커로부터 투자를 받았다.

이 회사 창업자 차오쉬둥은 흥미로운 인물이다. 그는 칭화대에서 공업역학을 전공했다. 공업역학은 기계공학 중에서 역학을 이론적·수학적으로 다루는 학문이다. 졸업 후 차오쉬둥은 박사 과정에 진학하여, 인간의 뇌가 어떻게 작동하는지 연구하고 싶었다.

하지만 생물 지능 연구의 검증 주기가 너무 길다는 현실적 문제에 부딪히면서 직접 뭔가 만들어가면서 배울 수 있는 인공지능으로 방향을 전환했다. 그는 스스로 컴퓨터 과학 수업을 찾아 듣고, 논문을 읽으면시 미칠 정도로 빠져들었다고 한다. 그리고 지도교수의 만류에도 박사 과정을 그만두었다. 그는 마이크로소프트 아시아연구소에서 5년, 비전 인식으로 유명한 센스타임에서 1년 5개월간 연구한 뒤, 2016년 30세에 모멘타를 창업했다. 현재 그는 인공지능이 구현하는 자동운전 솔루션을 만들어가고 있다.

모멘타는 토요타, GM, 상하이기차로부터 투자를 받았다.

필자가 이 회사에 주목하는 데는 특별한 이유가 있다. 상하이 모터쇼가 열리기 한 달 전인 2025년 3월 6일에 토요타가 모멘타의 자동운전 솔루션을 장착한 전기차 'bZ3X'를 공개했는데, 이 차량이 1시간 만에 1만 대를 주문받아 화제가 되었다. 한국 돈으로 약 3,000만 원(14.98만 위안)에 불과한 이 차는 도심에서도 상당한 수준으로 자동운전 능력을 보여주었다.

이번 상하이 모터쇼 기간 혼다 또한 모멘타의 자동운전 솔루션을 사용하겠다고 밝혔다. 이 외에도 샤오펑이 작년 11월에 선보인 세단 'P7+'에 이미 자체 개발한 E2E 방식의 운전지원 기능을 표준 탑재했다. 참고로 일본에서는 튜링이라는 스타트 업이 E2E 방식의 자동운전 차량을 개발하고 있다.

그동안 내연기관 자동차가 전기차로 변한다는 논의가 많았다. 중국에서는 전기차와 플러그인 하이브리드의 판매가 많아지고 있다. 한국·미국에서는 전기차의 판매가 오히려 주춤하고 하이브리드 차의 구매가 늘어나고 있다. 그런데 이런 논의는 어디까지나 이동을 위한 동력원에 초점이 맞춰져 있다. 스마트카라는 모생태계를 논의하는 입장에서 배터리는 차량에서 사용되는 다양한 스마트 기기에 에너지를 공급하는 역할을 한다.

동일한 배터리라도 서로 다른 관점에서 재조명해 볼 필요가 있다. 배터리의 생태계를 살펴보면 중국만큼 잘 갖춰진 나라가 없다. 필요한 자원이 풍부하고 다양한 기업이 배터리 산업에 참여하고 있으며 창의성 또한 뛰어나다. 중국에는 배터리 전문 기업(CATL), 배터리를 만들다가 전기차를 만드는 기업(BYD), 전기차를 만들다가 배터리까지 만드는 기업(지꺼)까지 존재한다. 그리고 배터리를 교체하는 비즈니스 모델을 현실화시킨 회사(니오)도 있다.

BYD, 수평 대향 엔진 개발

이번 상하이 모터쇼에서 필자에게 가장 큰 충격을 안겨준 차
는 BYD 고급 브랜드 양왕(Yangwang)에서 출시한 스포츠 세단
'U7'이다. 이 차에는 수평 대향 엔진이 장착되어 있었다. 중국
이 전기차, 스마트카 분야에서 선도하고 있다는 것은 이미 여
러 언론 보도를 통해서 알고 있었다. 수많은 언론이 전기차 중
심으로 보도하면서 내연기관의 소멸을 예견했지만, 중국 기업
은 소리 소문 없이 엔진을 개발하고 있었다. 이젠 실력도 상당
히 높아, BYD와 지리는 서로 자사가 만든 엔진의 열효율이 더
좋다고 자랑하면서 상대방을 비난하는 보도를 서슴지 않는다.
전기차 시대라고 하지만, 배터리의 가격은 여전히 비싸다. 그
래서 배터리 사용량을 줄이고 배터리와 엔진을 같이 장착하는
형태를 유지하면서 배터리에 직접 충전하는 PHEV 차량이 중
국에서는 나름대로 장점이 있다. 하지만 BYD가 배터리를 충
전하거나 단지 동력을 보조하는 용도로 수평 대향 엔진을 만들
것이라고는 상상하지 못했다.

　수평 대향 엔진은 피스톤이 좌우 대칭으로 수평하게 배치되
어 작동하는 엔진으로, 진동이 적고 안정적인 주행을 제공한다.
하지만 설계가 까다로워 포르셰와 일본의 스바루만이 실제 만

BYD의 고급 브랜드 양왕이 출시한 스포츠 세단 U7에는 수평 대향 엔진이 채택되었다.

들어 사용하고 있다.

고급 스포츠 세단 'U7'은 전기차와 PHEV 두 가지 버전이며, 수평 대향 엔진은 PHEV 모델에서 발전용으로 사용되고 있다. BYD가 수평 대향 엔진을 선택한 이유는 차량 진고를 낮춰 디자인과 효율을 극대화할 수 있기 때문이다. 수평 대향 엔진은 기통이 지면과 수평으로 배치되어 일반적인 엔진보다 높이가 낮다. BYD는 이를 활용해 U7 차량의 높이를 낮추고 공기저항을 줄였다. 필자가 모터쇼에서 본 U7은 낮고 날렵한 실루엣으로 고급 스포츠 세단다웠다.

이 차를 보면서 동력을 만들어 차바퀴를 돌리는 엔진이 아니라 배터리를 충전하거나 보조해 주는 역할로서의 엔진으로 시대가 바뀌었음을 절감했다.

더욱 놀라운 것은 2025년 상하이 모터쇼에서 전시된 수평 대향 엔진은 BYD 이외에도 많았다는 점이다. 장청기차와 치루이도 수평 대향 엔진의 샘플을 전시했다. 또한 지리와 르노의 파워트레인 합작사인 '호스(HORSE)' 역시 EREV(주행거리 연장형 전기차) 전용 1L 2기통 수평 대향 엔진 기술을 공개하며 이 경쟁에 가세하고 있다. 우리가 "내연기관은 끝났다"라며 전기차 올인 전략을 고민하는 사이에, 중국은 '전동화 시대에 최적화된 엔진'이라는 새로운 영역까지 선점해 나가고 있다.

토요타의 중국 전략

이상과 같이 자동차가 스마트카로 모생태계가 변환했다는 관점에서 이번 상하이 모터쇼 방문 소감을 정리해 보았다. 사실 자동차 메이커는 조립 산업이라는 측면이 강하고, 특히 한국 자동차 메이커는 산업의 불모지에서 성장해 왔기에 의식을 하건 안 하건, 생태계를 형성하면서 성장했다.

문제는 스마트화를 위해 새롭게 생태계를 만들어야 한다는 점이다. 이것은 소프트한 산업 형태를 띠고 있기에 상당한 어려움이 예상된다. 한국 기업은 중국 자동차 산업의 변화에 어떻게 대응해야 할까?

첫째, 중국 내의 소프트웨어 공급망에 대한 지도를 그릴 수 있어야 한다. 중국의 어떤 기업이 어떤 역량을 가지고 있고, 어떤 서비스를 제공할 수 있는지에 대한 조사가 급선무이다. 내 손에 지도가 있어야 어느 방향으로 갈지, 누구와 손잡을지 정할 수 있다. 단 이런 조사는 공급망이란 관점, 모생태계라는 관점하에 이루어져야 한다. 이는 자동차 산업에 대한 상당한 수준의 이해가 있어야 가능한 일이다. 토요타가 모멘타라는 중국 스타트업에 투자한 것은 이미 2021년이다. 나름의 선견지명이 있었던 것 같다.

둘째, 중국 내 연구 개발 조직 또한 변화된 생태계에 걸맞은 형태로 변신해야 한다. 이에 대한 힌트를 도요디에서 찾을 수 있다. 토요타는 중국 시장 변화에 대응하기 위해 2023년에 연구소 명칭부터 '토요타 지능 전동차 연구개발센터(IEM by TOYOTA)'로 변경했다. 여기서 '지능(Intelligent)'이라는 용어를 사용한 것은 이 글에서 강조한 '스마트(Smart)'와 같은 의미다.

조직 개편도 발 빠르게 이어졌다. 〈자료 8-6〉에서 볼 수 있듯

출처: 《토요타 대 중국 EV》, 2025년, 나카니시 다카키

이, 토요타는 2023년부터 ①중국 ONE R&D 통합 전략을 도입하여, 기존 합작사(광치토요타, 이치토요타) 및 현지 R&D 거점(BYD와의 합작사 BTET 포함)의 엔지니어들을 'IEM by TOYOTA' 주도의 프로젝트로 흡수·통합하기 시작했다. 또한 ②지역 치프 엔지니어(RCE) 제도를 중국에 도입하여 현지 개발 리더십을 강화하고, ③모멘타, 샤오미, 화웨이, 텐센트 등 현지 파트너 기업 및 공급사와의 연계도 강화하는 방향으로 R&D 체제를 재편했다.

이는 분산된 R&D 역량을 하나로 모으고 현지 생태계를 적극 활용하여 중국 기업과 효과적으로 경쟁하겠다는 의도다.

이러한 R&D 체제 개편 흐름은 2025년 더욱 구체화 되었다. 4월부로 기존의 전기차 전문 조직인 BEV 팩토리를 폐지하고, 전사 직할의 BR BEV로 재편했다. 또한 2025년 2월에는 상하이 금산구에 렉서스용 EV 및 배터리 개발·생산을 담당하는 100% 출자 신회사(렉서스 상하이 신에너지, LSNE) 설립을 결정했다. 이는 초기 연간 10만 대 규모로, 2027년 이후 양산을 목표로 하는 완전 독자 체제다.

한국도 중국 생태계 활용해야

셋째, 중국의 스마트카 모생태계를 활용하면서, 한국 내에서도 소프트웨어 생태계를 만들어나가야 한나.

필자는 3월 28일 코엑스에서 열린 현대차 개발자 콘퍼런스에 참석한 적이 있다. 당일 예상보다 많은 사람이 참가해 발 디딜 곳도 없을 정도였다. 그만큼 많은 사람이 관심이 있다는 증거였다. 당일 현대차는 새로 개발한 중앙집중식 전기전자 아키텍처를 전시하고 플레오스(Pleos)라는 차량용 OS도 일부 공개

1개의 고성능 컴퓨터 HPVC와 존(zone) 별 제어기로 구성된다.

했다.

최근 로이터 통신의 5월 2일 자 보도에 의하면 포드는 차세대 전기전자 아키텍처 개발 프로젝트를 진행하다가 결국 실패해 총 13조 원(97억 달러)의 손실이 발생했다고 한다. 중국 기업도 상당한 물량전으로 자동차의 스마트화에 대응하고 있다. 이에 비하면 현대차는 이와 비교할 수 없을 정도의 인력과 예산으로 이룬 성과다. 앞으로 이것을 어떻게 진화 발전시킬 것인지가 관건이다.

한국의 제조업이 발전했다고 하지만, 스마트화나 소프트웨

스마트카 패권 전쟁

어 공급망은 불모지라고 할 수 있다. 한국은 눈에 보이지 않는 지적 산물에 대해서는 돈을 지불하지 않는 풍토를 가지고 있다. 그렇기에 더욱더 생태계를 만들어간다는 관점을 가져야 한다. 필요하다면 가장 앞서가는 중국의 생태계도 적극 활용할 수 있어야 한다.

THE SMART CAR WAR

9장

AI와 자동운전

자동차 산업의 대혁신, 인공지능

우리는 그동안 자동차 산업의 대전환을 두 가지 측면에서 이해해 왔다. 첫째는 내연기관에서 전기차로의 전환이었다. 각국 정부는 앞다투어 내연기관 퇴출 시한을 못 박고, 배터리 공장 건설 계획을 발표했다. 많은 사람들은 이것이 자동차 산업 변화의 본질이라고 믿었다. 그러나 현실은 더 복잡하다. 중국에서는 전기차와 PHEV(플러그 인 하이브리드)가 급성장하는 반면, 미국과 한국에서는 하이브리드가 다시 주목받고 있다.

둘째는 하드웨어에서 소프트웨어로의 전환이다. 기존 자동차가 경주마처럼 '잘 달리기' 위한 기계적 성능에 집중했다면 오늘날 자동차는 SDV라는 개념 아래 고성능 반도체 칩과 운영 체제를 탑재해 각종 소프트웨어로 제어된다. 마치 근육질 운동선수에게 두뇌를 이식한 것과 같다.

지금은 제3의 변화, 곧 인공지능(AI)의 파고가 밀려오고 있다. 자동차에서 인공지능은 마치 숙련된 운전자의 직관과 판단력을 차 속에 녹여 넣는 것과 같다. 최근 중국 자동차 산업을 관찰하면서 느낀 것은, 이 인공지능의 속도는 우리가 생각하는 이상이다.

AI, 기계공학의 환원주의 전복

필자는 기계공학을 전공했다. 기계공학에서는 시스템을 이루는 각 구성 요소의 지배방정식(governing equation)을 도출해 연결 관계를 파악하고, 산출한 방정식을 시뮬레이션하여 실제 실험 결과와 비교하는 것이 정석이다. 만약 시뮬레이션 결과와 실제 실험값이 일치하지 않는다면, 전제가 된 방정식(모델)을 수정하거나 실험 조건을 재점검하며 그 오차의 원인을 논리적으로 규명해 나간다. 기계공학이 이러한 접근법을 취하는 것은, 아무리 복잡한 시스템이라도 결국은 단순한 구성 요소들의 결합으로 환원하여 설명할 수 있다는 전제가 깔려 있기 때문이다.

시계를 예로 들어보자. 시계를 완전히 이해하려면 진자(振子)와 같은 부품을 분해해서 구조와 기능을 파악한 뒤 다시 조립해 본다. 숙련된 시계공이라면 이 과정을 통해 시계의 작동 원리를 명확히 설명할 수 있다. 이런 사고방식을 환원주의(還元主義, reductionism)라고 하며, 근대 과학의 토대다. 공학 분야에서는 기계공학이 환원주의와 닿아 있다.

그런데 인공지능은 이런 환원주의와 거리가 멀다. 인공지능은 어떤 문제를 해결하고자 할 경우, 신경망 구조(neural network)를 설계하고, 수많은 데이터를 집어넣어 학습시킨다. 만약 이렇게 해서 나온 결과가 만족스럽지 않으면 데이터 수(數)를 증가시키거나 신경망 구조를 바꿔 다시 학습시킨다. 문제는 그런 결과가 왜 나왔는지를 명확히 설명하기 어렵다는 점이다. 원인과 결과의 명확한 인과관계를 중시하는 사람에게 이런 접근법은 받아들이기 쉽지 않다.

자동운전 스타트업 CEO의 고백

필자가 인공지능을 좀 더 진지하게 받아들이게 된 것은 올해 5월 일본 자동운전 스타트업 튜링의 CEO 야마모토 잇세이와 가진 만남이 계기였다. 야마모토는 도쿄대 재학 시절 성적 부진으로 유급을 경험했다. 그는 오히려 이 시간을 기회로 삼아 소프트웨어와 인공지능에 관심을 가지게 되었다. 당시 키보드를 겨우 칠 수 있는 수준이었지만, 일본 장기 아마추어 5단의 실력의 그는 장기 프로그램 개발에 도전했다. 처음에는 '내가 장기를 잘 두니, 프로그램도 잘 만들 수 있을 거야'라고 생각했다. 그러나 현실은 달랐다. 직접 만든 초기 프로그램은 기대만큼 강하지 않았다. 이후 그는 장기 프로그램에 인공지능 알고리즘을 도입했고, 어느 순간부터 프로그램의 장기 실력이 급격히 향상되었다.

결국 그의 프로그램 '포난자(Ponanza)'는 2017년 일본 장기 명인을 꺾었다. 하지만 정작 야마모토 자신은 왜 이렇게 강해졌는지 100% 설명할 수 없었다고 털어놨다. 현재 그는 장기에서 배운 경험을 살려 차량의 자동운전에 도전하고 있다. 카네기멜론대에서 자동운전을 연구했던 아오키 슌스케와 함께 2021년 튜링이라는 회사를 공동 창업했다.

야마모토가 겪은 시행착오는 자동운전 업계가 걸어온 길과 닮았다. 그가 처음에 '내가 장기를 잘 두니, 규칙을 코딩하면 강한 프로그램을 만들 수 있을 것'이라고 생각했듯이, 자동운전 업계도 처음에는 '숙련된 운전자의 행동을 규칙으로 만들면 자동운전이 가능할 것'이라고 믿었다. 실제로 2010년대 초반, 구글의 웨이모는 먼저 고정밀 지도를 만들고, 숙련된 운전자의 행동을 규칙으로 옮겨 자동운전을 구현하려 했다. 중국 기업도

야마모토 잇세이 튜링 공동창립자 겸 CEO(왼쪽)

마찬가지였다. 당시로서는 가장 현실적인 선택이었다.

하지만 고속도로와 같은 단순한 길에서는 가능했지만, 복잡한 도심에서는 한계가 드러났다. 도시는 공사로 하루아침에 차선이 바뀌고, 임시 신호등이 세워지며, 오토바이 등이 예측 불가능하게 움직인다. 지도를 업데이트하는 속도가 현실 변화를 따라가지 못했다. 그리고 도시 전체의 고정밀 지도를 제작하고 유지하는 데 막대한 비용이 들었다. 가격 경쟁이 치열한 자동차 시장에서 이런 지출은 약점으로 작용했다.

테슬라의 선택

한편, 테슬라는 처음부터 달랐다. 다른 회사들이 라이다(LiDAR), 레이더(radar) 등 다양한 센서를 사용하는 동안, 테슬라는 카메라와 인공지능만으로 모든 것을 해결하려 했다. 고정밀 지도나 도로 인프라의 도움도 거부했다. 중국에서는 이런 방식을 '단차지능(單車智能, Single-Vehicle Intelligence)'이라 부른다. 지금부터 테슬라를 중심으로 자동운전의 진화를 살펴보자.

자동운전 기술은 카메라 영상으로 물체를 감지하는 것이 출발점이다. 인공지능의 이미지 인식 기술로 차량, 보행자와 같은 대상을 찾아 사각형으로 표시하고, '이 물체는 자동차일 확률이 90%'라고 알려주는 방식이었다. 여기다 차선과 주행이 가능한 영역을 마치 색칠하듯 구분한다. 세그멘테이션(segmentation)이라 부르는 이 방식은 '무엇이 보이는가'를 빠르게 판단하는 데 유리하나.

하지만 실제 세계는 3차원인데, 카메라 영상은 본질적으로 2차원이기에 물체까지의 정확한 거리는 알 수 없다. 이 약점을 보완하기 위해 라이다가 주목받았다. 라이다는 레이저를 무수히 발사하여 물체의 특정 점(point)까지의 거리를 측정하는 센서다. 카메라가 색과 형태를 보는 '눈'이라면, 라이다는 실제 거리를 재는 '줄자'와 비슷하다. 자동운전을 위해 많은 자동차 회사가 이 방식으로 3차원 공간을 측정하고자 했다.

하지만 다른 자동차 회사와 달리 테슬라는 2차원 인식의 한계를 넘어서기 위해 새로운 방식을 꺼내 들었다. 2021년 테슬라는 AI 데이에서 BEV(Bird's Eye View)라는 기술을 공개했다. 차량 주변에 설치된 8개의 카메라 영상을 하나의 조감도로 통합하는 기술이었다. 사람이 두 눈의 영상을 하나로 합쳐 세상을 보듯, 8개 카메라의 시야를 하나로 통합하고, 마치 차량 위 30m 상공에서 드론이 내려다보는 것처럼, 360도 전방위를 한눈에 파악할 수 있게 한 것이다. 참고로 BEV는 순수전기차(Battery Electric Vehicle)의 약자로 곧잘 사용되지만, 자동운전 분야에서는 조감도의 의미로 사용된다.

이 기술의 핵심은 인공지능으로 테슬라는 원래 언어모델에 사용되던 '트랜스포머'라는 신경망을 시각 정보 처리에 적용, 카메라만으로도 도로 전체를 입체적으로 인식할 수 있음을 보여주었다. BEV는 빠르게 업계 표준이 되었지만 여전히 입체감을 만들어주지는 못하고 있다.(〈자료 9-2〉의 (a), BEV 방식)

데이터로 인공 신경망 학습

테슬라는 라이다 없이 3차원 공간을 이해하려 노력했다. 여러 각도에서 찍은 화면을 조합해 물체를 추정하는 전통적인 방법(다중 시점 스테레오)이 있었지만, 오차가 크고 카메라에 담기는 부분만 알 수 있다는 한계가 있었다. 이에 테슬라는 점유 네트워크(occupancy network)라는 인공지능 기술을 활용했다. 수많은 개와 고양이 사진을 심층 학습으로 구분(이진 분류)하는 것처럼, 공간상의 특정 지점이 물체의 내부인지 바깥인지 판별하여 물체의 윤곽을 파악하는 방법이다.

〈자료 9-2〉 테슬라의 BEV(조감도) 및 점유 네트워크 방식 비교

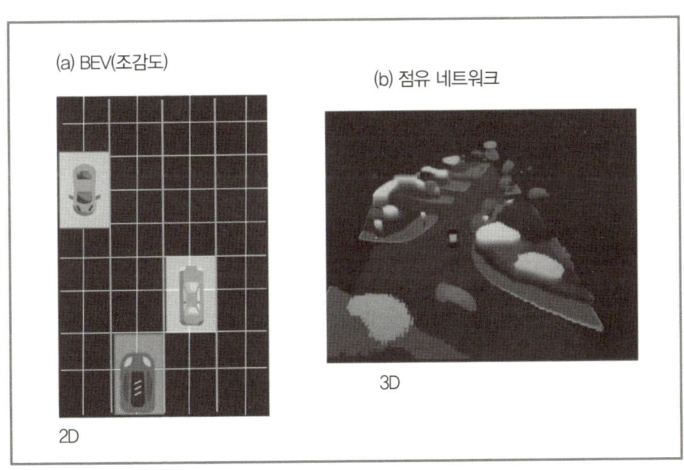

출처: 2022년 CVPR학회 테슬라 발표 자료

테슬라는 그동안 수집한 방대한 영상 자료를 가지고 사람이 직접 3차원 공간을 모델링해 학습용 데이터를 만들었고, 이 데이터로 인공 신경망을 학습시켰다. 신경망은 '공간상의 임의의 점이 물체 내부인가, 외부인가'라는 단순한 질문에 답하는 훈련을 반복하면서, 점차 3차원 형상을 이해하기 시작했다.

이렇게 학습된 신경망은 부분적으로 가려진 물체도 전체 형상을 추론할 수 있게 됐다. 예를 들어 이동하는 버스가 어떤 장애물로 인해 뒷부분만 보이고 앞부분이 보이지 않아도 사람처럼 신경망은 버스의 대략적인 크기와 형태를 짐작할 수 있게 되었다. (〈자료 9-2〉의 (b), 점유 네트워크 방식) 테슬라는 이 기술을 2022년 'AI 데이'에서 공개했다.

모방 학습으로 '롱테일 문제' 극복

자동운전 시스템은 전통적으로 인지(주변 상황 파악), 예측(다른 차량의 움직임 예상), 판단/계획(주행 경로 결정), 제어(핸들과 페달 조작)라는 네 단계를 활용해 작동한다. 앞서 설명한 조감도와 점유 네트워크는 '인지' 단계에 인공지능을 적용한 것이다. 하지만 '어떤 경로로 갈까?' '언제 브레이크를 밟을까?' 같은 판단은 여전히 엔지니어가 만든 규칙에 의존했다.

이런 규칙 기반 접근법의 한계는 명확했다. 실제 도로상에서는 '공사장 표시' '쓰러진 나무' 등 예상치 못한 상황이 끊임없이 나타난다. 규칙을 아무리 추가해도 현실의 복잡함을 따라잡을 수 없었다. 자동운전 업계는 이를 '롱테일(Longtail) 문제'라 부른다. 전체의 90%를 차지하는 일상적인 상황에, 나머지 10% 예외 상황(edge case)이 붙어 끝없이 반복되는 것을 말한다.

이것만이 아니었다. 더 심각한 문제는 인지-예측-판단/계획-제어라는 각 단계(모듈)를 거치면서 처음의 풍부했던 정보가 점점 단순해지고 왜곡된다는 점이었다. 이것은 마치 4명의 사람이 일렬로 서서 귓속말로 전달하는 게임과 같다. 마지막 사람에게 도달하는 정보는 원래 내용과 달라지거나 크게 줄어든다.

물론 숙련된 운전자는 처음 겪는 상황에서도 적절히 대응한다. 명시적인 규칙보나는 경험을 통한 학습이 우선하기 때문이다. 2022년 12월, 테슬라의 엔지니어 다발 슈로프는 일론 머스크에게 "규칙으로 차량 경로를 정하지 말고, 사람의 운전 경험으로 인공 신경망을 학습시켜 스스로 운전 경로를 찾게 합시다. 자동차용 챗GPT를 만듭시다"라고 제안했고, 일론 머스크는 이를 수용한다. 이렇게 만들어진 것이 종단 간 학습(End-to-

End Learning), 줄여서 E2E라는 방식이다.

이 기술의 핵심은 모방 학습(imitation learning)이다. 인공지능이 수백만 운전자의 실제 주행을 관찰하고 모방하며 운전법을 익힌다. 30만 줄의 프로그램 코드를 지우고, 신경망이 그 자리를 차지했다. 실제 핸들과 페달 조작은 여전히 검증된 제어 알고리즘이 담당하지만, 그 이전까지의 복잡한 의사결정은 모두 인공지능이 수행한다. 이렇게 테슬라는 카메라 영상을 입력받아 곧바로 주행 계획을 출력하는 인공지능 망을 구현해 냈다.

E2E의 한계

이토록 효율적인 E2E에도 극복해야 할 문제들이 있었다. 그중 하나는 '위지위그(WYSIWYG)' 방식이라는 점이다. 이것은 워드프로세서에서 나온 용어로 모니터에서 '보이는 그대로'라는 의미인 What You See Is What You Get의 약자다.

워드프로세서로 따지면 화면에 보이는 것 그대로 출력되어 좋지만, 자동운전의 경우 도로에서 차량들이 다이내믹하게 움직여 지금 당장 보이는 상황만으로 판단하기 힘들다. 가령 사람의 경우 앞차가 차선을 이탈하면 '졸음운전일지도 모른다'고

스마트카 패권 전쟁

추측하며 속도를 줄이거나 추월한다. 또 갑자기 내가 달리는 차선이 막히기 시작하면 '앞에서 사고가 난 것 같다' 판단하고 차선을 바꾼다. 즉 E2E 방식이 해결해야 할 과제 중 하나는 현재 보이는 것만 가지고 판단하는 수준을 넘어 미래를 예측하고 시뮬레이션할 수 있어야 한다는 점이다.

또한 E2E는 인공지능이 가진 약점을 그대로 가지고 있다. 즉 왜 이런 결과가 나왔는지 설명하지 못한다는 점이다. 가령 E2E 방식으로 자동운전하는 차량이 갑자기 속도를 줄이거나 차선을 변경한 경우, 그 정확한 이유를 알 수가 없다. 그저 수많은 데이터를 보고 학습한 신경망이 현재 상황을 두고 '차선 변경'이라는 결론을 내렸을 뿐이다. 이 같은 문제는 이유 없는 사고를 유발할 수도 있어 기존 완성차 회사에서는 수용하기 어려운 기술이다.

현재 자동운전 업계는 이 두 가지 문제를 해결하기 위해 다분히 노력 중이다. 여기에 한 가지 흥미로운 점이 있는데, 중국 기업들이 테슬라가 개척한 E2E 방식을 기반으로 하되 다양한 변형을 시도하며 기술을 진화시키고 있다는 점이다. 이제부터 중국 기업들이 자동운전 분야에서 어떤 경쟁을 펼치고 있는지 살펴보자.

〈자료 9-3〉은 현재 논의되는 전형적인 E2E 자동운전 시스

템의 프레임워크를 보여준다. 기본적인 E2E 모델(센서→인지→
판단→제어)을 기반으로 하되, E2E의 한계를 보완하기 위해 '월
드 모델(World Model)'과 '멀티모달 대규모 언어 모델(LLM, VLM,
VLAM 등)'이 통합되는 구조다.

여기서, 월드 모델은 센서 데이터를 바탕으로 E2E 모델이
미래 상황을 예측하고 시뮬레이션하는 데 도움을 주는 것이다.
그리고, 언어모델(특히 VLM, VLAM)은 시스템이 시각 정보를 언
어적으로 이해하고 행동 계획을 세우며, 그 이유를 설명하는데
기여할 수 있다. 또한, 최종 제어 결정에는 여전히 '룰 기반 안

<자료 9-3> E2E 자동운전 시스템의 프레임워크

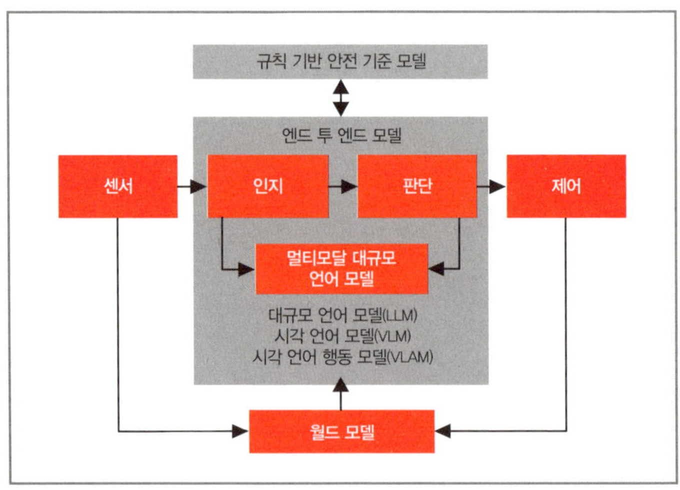

출처: 《토요타 대 중국 EV》, 2025년, 나카니시 다카키

 스마트카 패권 전쟁

전 기준 모델'이 개입하여 시스템의 안전성을 확보하려는 시도
도 엿볼 수 있다.

중국의 주요 기업들은 바로 이러한 프레임워크 안에서 각자
의 방식으로 기술을 고도화하며 치열하게 경쟁하고 있다. 그렇
다면 중국 기업들은 이러한 첨단 모델들을 실제 차량에 어떻게
구현하고 있을까? 지금부터 니오의 월드 모델과 리오토의 VLA
모델이 적용된 구체적인 사례를 살펴보자.

니오 월드 모델

앞서 8장에서 언급했듯이, 상하이 인공지능 연구소가 발표한
〈UniAD〉 논문은 중국 기업들이 룰 베이스에서 E2E로 대전환
하는 결정적 계기가 되었다. 하지만 중국 기업들은 단순히 E2E
를 도입하는 데 그치지 않고, 그 한계를 보완하며 기술을 고도
화하는 데 총력을 기울이고 있다.

그 대표적 중국 전기차 메이커가 니오다. 니오는 기존 E2E
의 단점을 극복하기 위해 '월드 모델(NIO World Model, NWM)'이
라는 새로운 방식을 제시했다. 월드 모델은 E2E 기술을 확장하
는 개념으로, 기존 E2E가 수 초간의 짧은 영상 클립만 보고 즉

각 반응한다면, 월드 모델은 더 긴 시간의 맥락을 기억하고, 물리 법칙을 고려해 미래 상황을 시뮬레이션한다. 예를 들어 E2E는 '지금 앞차가 비틀거린다'라는 사실만 보고 대응한다. 하지만 월드 모델은 '앞차가 수 분간 비틀거리는 방식으로 운전해왔기에 위험하다'라고 판단한다.

그리고 니오의 월드 모델은 0.1초마다 216가지 시나리오를 각각 최대 120초 후까지 시뮬레이션하여 최적 경로를 선택하며 그 경로로 운전한다. 즉 과거-현재-미래를 통합적으로 고려해 더 안정적이고 선제적인 주행 결정을 내린다. 〈자료 9-4〉에 표시된 시뮬레이션 영상들은 니오의 월드 모델 작동 화면이다.

〈자료 9-4〉 니오의 월드 모델(시뮬레이션 영상)

0.1초마다 216가지 시나리오를 시뮬레이션한다.
출처: 2024년 7월 니오 발표 자료

스마트카 패권 전쟁

중앙은 실제 주행 영상이고 주변은 니오의 월드 모델이 예측한 시뮬레이션 영상들이다.

중국의 자동운전 업체들

앞에서 살펴본 월드 모델이 미래 예측 능력을 강화했다면, VLA(Vision-Language-Action)는 설명 불가능 문제를 해결하려는 시도다. VLA는 보고(Vision), 언어로 이해하고(Language), 행동한다(Action)는 의미다. 기존 E2E가 영상을 입력받아 곧바로 운전 명령을 출력했다면, VLA는 중간에 언어로 사고하는 과정을 거쳐 그 이유를 설명할 수 있다.

중국의 리오토가 2025년 8월에 발표한 MindVLA가 대표적이다. 이 시스템은 AI가 자신의 행동을 실시간으로 설명한다. '보행자가 있어 속도를 줄입니다' '앞차가 멈춰서 정차합니다'처럼 판단 근거를 밝힌다. 리오토가 2025년 8월 출시한 순수전기차 i8의 시연 영상은 인상적이었다. 자사 연구소의 제한된 환경(시속 30km)이었지만, 운전자가 없는 상태에서 탑승자의 음성 명령만으로 차량이 움직였다. "출발해" "주차해" "속도 올려"와 같이 자연어 명령을 이해하고 실행했다. VLA는 소통하는 투명한 시스템을 지향한다. 탑승자가 AI의 판단을 이해하고 신뢰할 수 있도록 만드는 것이 목표다.

이처럼 치열한 기술 경쟁 속에서 현재 중국의 자동운전 기업은 크게 세 진영으로 나뉘어 발전하고 있다.

첫째, 자동운전 전문기업으로 '모멘타' 'DeepRoute.ai' '지평선' 등이 있다. 모멘타는 토요타와 닛산 등에 솔루션을 제공해 자동운전 분야에서 2024년 4분기 점유율 48.5%로 1위를, DeepRoute.ai라는 또 다른 자율주행 솔루션 회사가 15.3%로 3위를 차지하고 있다.

둘째, '화웨이 협력' 진영이다. 화웨이는 아이토, 아바타에 자동운전 솔루션과 컴퓨팅 플랫폼을 패키지로 제공하며 점유율 31.3%로 2위다. 막강한 하드웨어와 소프트웨어 통합 역량이 강점이다.

셋째, 완성차 독자 개발 진영으로 니오, 리오토, 샤오펑이 자체 기술로 차별화를 추구하고 있다. 니오는 월드 모델, 리오토는 VLA를 개발했다.

이 중에서 자동운전 솔루션 분야 1위인 '모멘타'를 주목해볼 필요가 있다. 이 회사는 앞서 8장에서 언급했듯 '완전히 데이터로 구동되는 알고리즘'을 추구한다는 점에서는 테슬라와 기술적 지향점이 유사하다. 하지만 비즈니스 모델은 정반대다.

　　　　　　　　　　　　　　　　　스마트카 패권 전쟁

2025년 4월 23일, 차오쉬둥 모멘타 CEO(우측)는 이가라시 마사유키 혼다 중국 운영 책임자와 만나 양사 간 전략적 파트너십을 발표했다.
출처: 모멘타

테슬라와 애플이 하드웨어와 소프트웨어를 모두 직접 만드는 '수직 통합'을 지향한다면, 모멘타는 구글이 삼성전자에 안드로이드 OS를 제공하듯 완성차 업체에 솔루션을 공급하는 '수평 분업'을 택했다.

모멘타는 자동차를 직접 만들지 않기에, 안느로이드처럼 이떤 차량에도 쉽게 탑재할 수 있는 범용적이고 강력한 자동운전 솔루션을 만드는 데 주력했다. 기술경영 관점에서 보면 테슬라는 수직 통합, 모멘타는 수평 분업 전략을 택한 것이다. 이 전략은 성공적이었다. 현재 모멘타는 토요타, 닛산, 혼다 등 일본 3사는 물론 메르세데스-벤츠, BMW 등 유럽의 거대 자동차 기업들에게 솔루션을 제공하며 글로벌 시장의 표준이 되어가고 있다. 조만간 앞서 언급한 '월드 모델' 기술도 상용화하여 제공할 예정이다.

막대한 R&D 투자

인공지능 기반 자동운전, 특히 E2E와 월드 모델과 같은 최신 기술을 개발하기 위해서는 막대한 연구개발비가 필요하다. 실제로 최근 몇 년간 중국 완성차 메이커들의 연구개발비는 폭발적으로 증가했다. 왜냐하면 인공지능 연구는 본질적으로 막대한 연산 능력과 방대한 데이터가 뒷받침되어야만 가능하기 때문이다.

〈자료 9-6〉은 자동차 메이커들의 연구 개발 비용 추이(좌측)0 준 매출액 대비 연구개발비 비중을 보면, 니오가 26.4%로 가장 높고 샤오펑 12.5%, 리오토 9.7% 순이다.

이런 막대한 R&D 투자는 중국 특유의 집단적 경쟁 구조의 한 단면을 보여준다. 한 기업이 앞서 나가면 곧바로 수십 개 기업이 유사한 기술을 모방하며 따라붙는다. 중국의 자동차 테크 기업들은 지금 기술 개발에 사실상 모든 것을 걸고 있는

〈자료 9-6〉 중국 자동차 메이커의 연구개발 비용과 매출액 대비 연구개발 비용

연구개발비(억 위안)

기업명	2020	2021	2022	2023	2024
테슬라 (억 달러)	15	26	31	40	45(억 달러) 324(억 위안)
니오	25	46	108	134	130 (22만 대)
리오토	11	33	68	106	111 (50만 대)
샤오펑	17	41	52	53	65
샤오미 (전체사업)	93	132	160	191	241
화웨이 (전체사업)	1,419	1,427	1,615	1,647	1,797

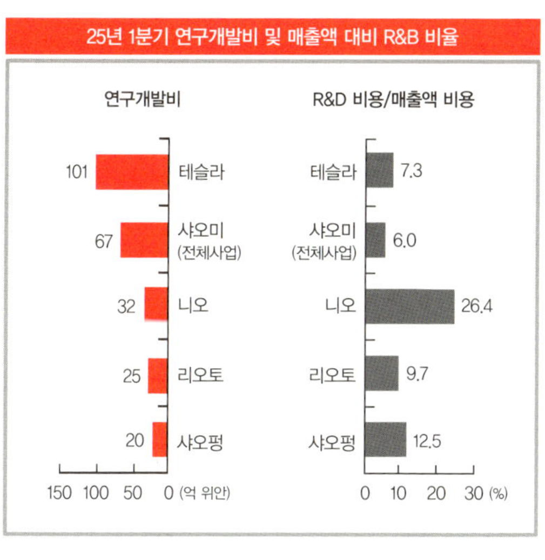

출처: 국해증권 자동차산업 전문보고서(2025년 7월)

셈이다.

이러한 막대한 투자는 실제 AI 모델 개발 및 학습에 필수적인 클라우드 컴퓨팅 인프라 구축으로 이어지고 있다. 〈자료 9-7〉은 주요 중국 자동차 관련 기업들의 AI 클라우드 계산 능력을 EFLOPS 단위로 보여준다. EFLOPS(엑사플롭스)는 Exa Floating-point Operations Per Second의 약자로, 1초당 100경(10^{18}) 번의 부동소수점 연산을 처리할 수 있는 능력을 나타내는 단위로, 슈퍼컴퓨터의 성능 측정 지표로 사용된다.

〈자료 9-7〉에서 볼 수 있듯이, 지리가 23.5 EFLOPS로 압도적인 계산 능력을 보여주고 있으며, 샤오펑, 화웨이, 샤오미 등도 상당한 규모의 투자를 통해 10 EFLOPS 이상의 컴퓨팅 파

〈자료 9-7〉 중국 자동차 메이커의 AI 클라우드 계산 능력

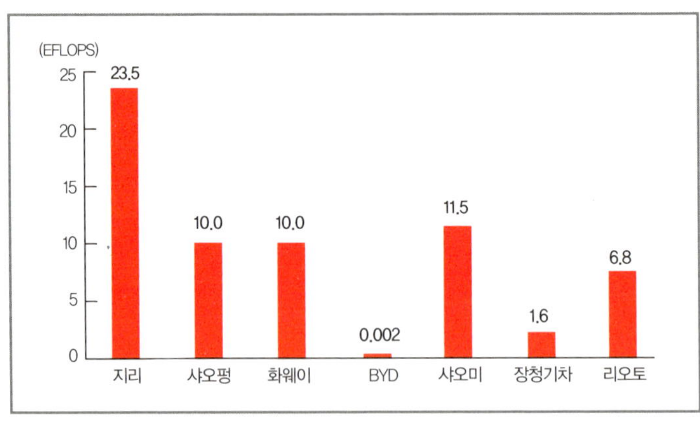

출처: 《토요타 대 중국 EV》, 2025년, 나카니시 다카키

  스마트카 패권 전쟁

위를 확보했음을 알 수 있다.

비교를 위해 설명하자면, 전 세계 AI 자동운전의 선두 주자인 테슬라가 2024년에 확보한 계산 능력이 약 100 EFLOPS 수준이라고 알려져 있다. 중국의 지리 자동차 단독으로 이미 23.5 EFLOPS라는 막대한 연산 능력을 확보하고 있다. 테슬라 전체 능력의 4분의 1에 육박하는 규모를 중국의 개별 자동차 회사가 갖춘 것이다. 샤오펑, 화웨이, 샤오미 등도 10 EFLOPS 이상의 슈퍼컴퓨팅 파워를 구축했다.

집단적 진화, 무리 전략

이처럼 중국 기업들이 막대한 R&D 비용과 슈퍼컴퓨팅 자원을 쏟아붓는 배경에는 중국 특유의 집단적 경쟁 구조가 자리 잡고 있다. 한 기업이 앞서 나가면 곧바로 수십 개 기업이 유사한 기술을 모방하며 따라붙는다. 중국의 자동차 테크 기업들은 지금 기술 개발에 사실상 모든 것을 걸고 있는 셈이다.

후발 주자였던 중국 자동차 산업이 어떻게 단기간에 선진 기업들을 추격하고, 심지어 일부 분야에서는 앞서 나갈 수 있었을까? 이 본질을 이해하는 것은 앞으로 우리가 중국 기업과 벌일 경쟁에 있어서 중요한 승리 단서가 될 것이다.

이에 대한 하나의 해답으로 필자는 리쩌젠 오사카산업대 경제학과 교수가 2025년 5월 20일 자 〈일본경제신문〉 기고문에서 언급한 '무리 전략(群戰略, Swarm Strategy)'에 주목했다. 서양의 전략론은 대체로 개별 기업이 전제라 무리 전략과는 상반된다.

이에 필자는 리 교수와 영상 인터뷰를 통해 의견을 교환했고, 여러 검토 끝에 다음과 같이 정리해 보았다.

동물 세계에는 영역 전략과 무리 전략이 대립적으로 존재한다. 영역 전략은 강자가 자신의 구역을 지키며 독점적 이익을 추구하는 방식이다. 한국에서 직장 생활을 하다 보면 이런 배타적인 '텃세 싸움'을 곧잘 경험하는데, 이를 '나와바리(繩張り, 새끼줄을 쳐서 영역을 표시한다는 뜻)'라는 일본 말로 부른다. 한국 직장인들에게는 무척이나 익숙한 용어다.

반대로 무리 전략은 약한 동물이 생존을 위해 택하는 방식이다. 정어리가 거대한 무리를 이루어 포식자를 혼란시키거나 아프리카 들소가 사자에 맞서 집단 방어하는 것이 한 예다. 즉 무리 전략은 자연계의 생존 방식일 뿐만 아니라, 후발 주자인 산업과 기업이 불리한 조건을 극복하는 집단적 학습 전략의 하나다.

사실 중국의 기업들은 산업화 측면에서 그 출발이 늦었기에 약자였다. 미국이 일본에, 일본이 한국에 산업 기술을 이전했지만, 중국 기업에는 이전을 하지 않았다. 후발 주자로서 불리한 조건에 놓인 중국 기업들은 결국 서로 무리를 이루어 집단 학습과 진화를 선택할 수밖에 없었다. 이 선택이 의도된 전략이었는지, 아니면 본능적인 생존 대응이었는지는 단정하기 어렵지만 말이다.

필자가 생각하는 중국 산업의 '무리 전략' 작동 방식은 〈자료 9-8〉과 같다. 새로운 기술이나 제품이 등장하면 많은 중국 기업이 집단적으로 경쟁에 뛰어들어 거대한 무리를 형성한다.

이때 개별 기업은 불완전한 정보만을 가지고 행동하지만, 무리를 이룬 집단은 다양한 경로를 통해 외부 정보를 흡수하고

〈자료 9-8〉 중국 산업의 무리 전략 메커니즘

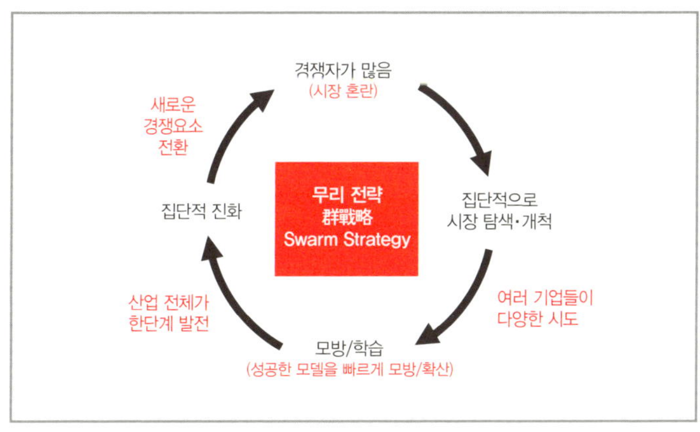

새로운 시도를 거듭한다. 이 과정에서 성공한 기업이 나타나면 경쟁사들은 이를 신속히 분석해 그대로 복제하거나 변형해 시장에 내놓는다. 이렇게 모방과 변형이 반복되면서 산업 전체의 효율성이 높아지고 무리 전체의 진화로 이어진다. 집단 전체가 유지되고 진화할 수만 있다면, 그 과정에서 발생하는 개별 기업의 도산은 생태계 차원에서는 큰 문제가 되지 않는다.

이런 과정을 거치다 보면 산업은 '집단적 진화' 단계를 거쳐 한 단계 도약하고, 이후 또 다른 기술을 발견하면 이를 따라가며 다시 이 패턴을 반복하며 무섭게 성장한다. 중국 소비자들 또한 이러한 빠른 변화와 신제품 소비에 익숙해져 있다.

돌이켜보면 과거 한국에도 이와 유사한 시기가 있었다. 금성사(현 LG전자), 삼성전자, 대우전자, 아남전자 등과 같은 전자 회사들이 서로 경쟁하면서 한 회사가 신제품을 출시하면 다른 회사가 곧바로 흉내 내어 유사한 제품을 출시하며 선전했다.

하지만 한국 기업들이 글로벌 기업으로 성장하면서 기업 규모에 비해 국내 시장은 상대적으로 작고, 경쟁자도 사라졌다. 그러면서 한국 기업은 어느 순간부터 영역 전략(나와바리 전략)에 익숙해졌다. 이러다 보니 중국처럼 거대한 시장에서 많은 기업이 무리를 지어 빠르게 움직이는 상황에 적응하기 점점 어려워졌다. 이것이 필자가 생각하는 중국 기업의 다이내믹스이며, 동시에 한국 기업이 현재 중국 시장에서 어려움을 겪는 이유다.

중국 기업들과 손잡은 토요타

2025년 상하이 모터쇼에서 토요타가 공개한 전기차 'bZ7'이 그 해답의 실마리를 제공한다. 놀랍게도 이 차에는 경쟁자인 샤오미의 스마트 생태계, 화웨이의 'HarmonyOS 5.0' 인포테인먼트 시스템과 전동 구동 시스템, 그리고 모멘타의 최신 자동운전 솔루션이 대거 탑재되었다. 2026년 3월 출시 예정인 이 차량에 대해 한 외신은 "화웨이, 샤오미, 모멘타가 토요타의 중국 전기차와 SDV 전략을 견인한다"라는 헤드라인을 달 정도였다.

이는 단순한 기술 도입이 아니다. 세계 1위 자동차 메이커 토요타가 자존심을 내려놓고, 중국식 무리 선략과 보조를 맞추겠다는 강력한 의지로 보인다. 필자가 2025년 6월 일본에서 만난 토요타의 한 관계자는 "토요타는 그동안 중국에서 상당히 많은 작업을 해왔고, 이제야 비로소 중국에서 어떻게 일할지 체제가 정비되었다"라고 털어놓았다.

거대한 무리를 이루고, 또 상황에 따라 유연하게 대형을 바꾸며 움직이는 중국 기업에 지금 한국 기업은 일종의 공포를 느끼고 있다. 하지만 적당한 수준의 공포는 우리를 분발하게 만들지만, 막연한 공포는 우리를 주눅 들게 한다. 상대방의 전략을 명확하게 꿰뚫어 본다면 충분히 대응할 수 있다. 결국 전략의 본질은 '지피지기(知彼知己)'에 있다. 중국 기업을 정확히 읽어내는 것이야말로, 한국 기업이 새로운 돌파구를 여는 출발점이 될 것이다.

스마트카 패권 전쟁

10장

격변의 시대,
한국 기업의 생존 전략

승자와 패자, 예측은 빗나갔다

지금까지 우리는 이 책을 통해 자동차 산업을 강타한 거대한 변화의 파도를 추적해 왔다. 테슬라가 쏘아 올린 '전기차'와 'SDV/AI'라는 화두, 이에 맞선 토요타의 대응, 무서운 속도로 치고 올라오는 중국 기업들을 살펴보았다. 이 모든 변화는 단순한 동력원의 전환(엔진→모터)을 넘어, 산업 생태계와 경쟁의 본질이 송두리째 바뀌고 있음을 보여준다.

그렇다면 격변하고 있는 자동차 산업의 중간 성적표는 과연 어떨까? "전기차 시대가 오면 기존 자동차 제조사는 속절없이 뒤처질 것이다", "전기차 전환에 늦은 토요타의 시대는 끝났다"라는 식의 예측이 난무했다. 하지만 적어도 2025년 현재까지는 이런 예측들이 틀렸다.

〈자료 10-1〉은 일본의 자동차 산업 전문가 나카니시 타카키가 분석한 최근 5년간(2019~2024년)의 글로벌 자동차 시장의 판

〈자료 10–1〉 최근 5년간 글로벌 경쟁에서의 시장 점유율 변화 구조

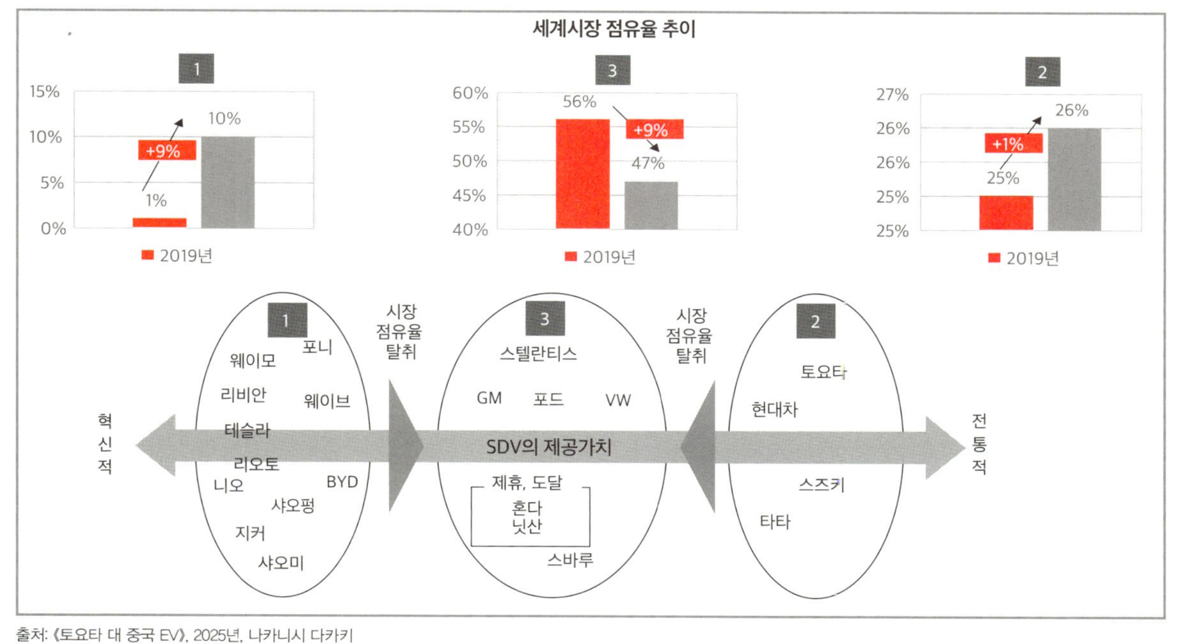

출처: 《토요타 대 중국 EV》, 2025년, 나카니시 다카키

도 변화이다. 그는 시장의 플레이어들을 세 그룹으로 나누었는데, 이 결과는 우리에게 매우 중요한 시사점을 던진다.

첫째는 '혁신 그룹'이다. 이 그룹의 선두에는 단연 테슬라가 있다. 그리고 BYD와 함께 IT 기업 출신 창업자가 이끄는 니오, 리오토 등이 속해 있다. 이들은 전기차에 SDV와 인공지능 기술을 가장 적극적으로 도입하며 미디어의 주목과 소비자의 열광을 끌어냈다. 그 결과 이 그룹의 합산 시장 점유율은 2019년 1%에서 2024년 10%로 성장했다.

둘째는 '보수적 강자' 그룹이다. 현대차와 토요타, 스즈키가 대표적이다. 이들은 이미 '하이브리드'라는 검증된 기술과 확고하게 우위를 점하는 든든한 지역 기반이 있었다. 바로 이 두 가지가 급변하는 외부 환경의 충격을 견뎌 낼 수 있는 원동력이 되었다. 덕분에 이들은 언론의 비난에도 흔들리지 않고 '내연기관→하이브리드→전기차'로 이어지는 단계적 변화를 추진할 수 있었으며, 그 결과 점유율을 25%(2019년)에서 26%(2024년)로 늘리며 시장을 굳건히 방어했다.

가장 큰 타격을 입은 곳은 셋째 그룹에 속하는 '어설픈 추격자들(Clumsy Chasers)'이다. 폭스바겐, GM, 혼다 등이 이에 해당한다. 이들은 자신의 강점을 버리고 성급하게 '테슬라 따라잡기'에 올인했다가 낭패를 보았다. 폭스바겐은 소프트웨어 역량

부족으로 신차 출시가 지연되었다. GM은 로봇 택시 사업(크루즈)을 했지만, 2023년 10월 샌프란시스코에서 보행자 사고 이후 로봇 택시 운행을 전면 중단(사실상 포기)했다. 그리고, 혼다는 성급히 '탈(脫)내연기관'을 선언하고 엔진 공장을 폐쇄하기까지 했다. 이들 회사는 테슬라처럼 되지도 못했고, 기존 사업 기반도 지켜내지 못했다. 이들이 고전한 이유는 명확하다. 소프트웨어 개발 능력도 배터리 공급망도 제대로 갖추지 못한 상태에서, 언론의 과잉 보도에 우왕좌왕하며 마치 쫓기듯이 변화만을 추구했기 때문이다.

필자는 한국 기업이 '보수적 강자'로서 1차 방어전에는 성공했다고 평가한다. 그러나 이것은 어디까지나 지금까지의 이야기이지, 앞으로의 이야기는 아니다. 자동차 산업 대전환의 전반전이 '동력원의 다양화'라는 경쟁이었다면, 이제부터 시작되는 후반전은 '지능화(AI)' 경쟁이다. 이는 SDV라는 전기전자 아키텍저와 AI, 그리고 이것을 뒷받침해 줄 차량용 OS와 반도체 칩(SoC)이 경쟁의 승패를 가르는 전혀 다른 싸움이다. 즉, 지금까지의 경쟁이 워밍업이었다면 이제 본 게임이 시작되었다. 이에 한국 제조업이 어떻게 해야 할지 살펴보자. 연구개발, 공장, 상품과 같은 가치 흐름(Value Stream) 관점에서 살펴보겠다.

연구개발, '상공(논리)'과 '지상(물리)'의 융합

많은 사람들이 지금 자동차 산업의 변화를 과거 피처폰이 스마트폰으로 진화한 것에 비유한다. 실제로 삼성전자는 이 거대한 변화에 훌륭하게 대응하며 글로벌 1위 기업이 되었다. 그래서 미래 차를 '바퀴 달린 스마트폰' 정도로 이야기했다. 대중이 쉽게 이해할 수 있는 표현이기는 하지만, 필자는 이 비유가 오히려 차량이 SDV/AI 시대로 전환하는 데 있어 그 본질을 왜곡시킬 수 있다고 생각한다.

산업을 세 개의 층으로 나누어 보는 방식이 있다. 이것은 일본 와세다대학의 후지모토 다카히로 교수 등이 제시한 모델이다. 〈자료 10-2〉는 이를 바탕으로 필자가 재구성한 스마트카의 구조다.

첫째는 페이스북(메타), 구글, 아마존과 같은 IT 기업이 지배하는 '상공의 세계'다. 이곳은 질량(Mass)이 거의 없는 데이터와 소프트웨어가 빛의 속도로 오가는 순수한 '논리'의 영역이다. 둘째는 현대차, 토요타와 같은 전통적 제조 기업이 지배하는 '지상의 세계'다. 이곳은 1톤이 넘는 무게가 고속으로 달리는 '물리'의 영역이며, 관성(Inertia)과 안전, 품질이라는 지상의 제약이 무엇보다 우선시된다.

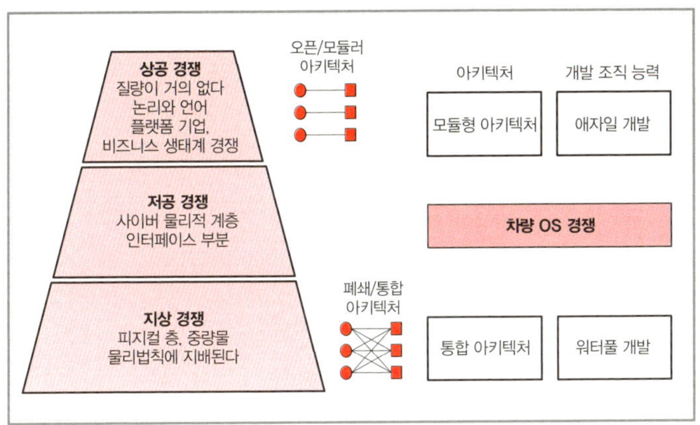

출처: 《현장에서 올려본 기업 전략론》, 2017년, 후지모토 다카히로의 내용을 기준으로 필자가 일부 수정

그리고 상공과 지상의 세계를 연결하는 공간으로 '저공의 세계'가 존재한다. 소위 인터스터리 4.0이라고 하는 영역의 세계로 이곳은 '지상'의 실물(자동차)에서 센서를 통해 수집된 방대한 데이터를 '상공'의 클라우드로 올려보내 분석하고, 그 분석 결과를 다시 '지상'의 자동차로 내려보내 실제 움직임을 제어하며 새로운 가치를 창출하는 중간 영역이다. 차량용 OS가 바로 이 영역에서의 경쟁이다.

이 관점을 가지고 자동차를 보자. 스마트폰과 달리 자동차는 '지상'의 물리적 제어, '저공'의 실시간 데이터 처리, '상공'의 거대 AI 분석이 모두 빈틈없이 연결되어야만 비로소 완성될

수 있는 궁극의 복합 기술이다. 이 점이 스마트카가 스마트폰
과 결정적으로 다른 점이다.

그런데, '상공의 세계'(IT)에서 개발 방식은 '논리' 중심이며,
일단 아이디어를 빠르게 구현하고(move fast), 문제가 생기면 나
중에 소프트웨어 업데이트로 고치는(fix later) 방식이다. 반면
'지상의 세계'(제조업)에서 개발은 엄밀하게 정의된 프로세스와
품질 게이트(Quality Gate)를 하나하나 통과하며 완벽을 기하는
'단계적(Waterfall) 방식'이다. 자동차의 SDV화는 이처럼 성격이
판이하게 다른 두 개발 문화가 하나의 제품, 하나의 조직 안에
서 어떻게든 융합되어야 함을 의미한다. 이로 인해 R&D 조직
에서도 심각한 문화적 마찰을 일으키고 있다.

이 문제를 해결하고 성공 가도를 달리는 기업들의 리더를 보
면 명확한 공통점이 있다. 그들은 두 세계를 모두 이해하고 통
섭하는 인물들이다. 테슬라의 일론 머스크는 페이팔(상공)의 경
험을 가지고 스페이스X와 테슬라(지상)를 성공시켰다. 8장과 9
장에서 살펴본 중국의 니오, 리오토, 샤오미의 창업자들 역시
IT 업계(상공) 출신이지만, 과감하게 자동차(지상) 산업에 뛰어
들어 '지상'의 제약을 정면으로 돌파하고 있다. 중국이라는 수
평 분업화된 산업 체제가 이들 기업가에게 많은 도움이 되었을
것이다.

하지만 한국의 현실은 사뭇 다르다. 그 동안 지상에서 경쟁을 해온 기존 엔지니어는 상공의 세상을 허상이라며 무시한다. 짧은 기간 안에 글로벌 기업으로 성장한 강한 성공 체험이 오히려 그들의 시야를 좁게 만들고 있다. 한편, 한국의 'IT가이'는 '상공의 논리적인 세계'에만 머무르려는 경향이 강하다. 소프트웨어의 가치만을 중시하고, 무거운 질량을 가진 차량이 실제 도로에서 움직일 때 발생하는 물리적 한계를 경시하거나 외면한다. 과거 삼성전자의 자동차 진출이 정치권의 강한 반발로 좌절된 게 일종의 트라우마로 자리 잡았을 수 있다. 필자의 인상으로는 일본, 중국보다 한국은 지상과 상공 간의 간격(갭)이 큰 것 같다.

이러한 문화적 단절을 극복하지 않고서는 SDV의 후반전에서 승리할 수 없다. '상공'의 인재는 '지상'의 물리적 제약을 존중하고 배워야 하며, '지상'의 엔지니어는 '상공'의 유연한 속도를 받아들여야 한다. 이 두 세계가 서로를 이해하고 융합하려는 노력이야말로 한국 자동차 메이커의 연구개발 부문이 풀어야 할 가장 시급한 과제이다.

공장, 기본으로 돌아가라

두 번째로 공장에 관한 이야기를 하고 싶다. 이 문제를 논하기에 앞서 필자의 현장 경험을 공유하고 싶다. 필자는 LG전자 생산기술원 시절, 토요타 출신 고문단과 약 2년 반 동안 매일 같이 현장을 누비며 토요타 생산 방식(TPS)의 정수를 원류(源流)로부터 체득했다. 이후 현대차로 옮겨 울산 2, 3공장과 현대차 베이징 공장을 중심으로 4년간 고객의 오더에서부터 차가 만들어지고 고객에게 전해지기까지의 전 과정을 물건과 정보, 돈의 흐름을 조사하며 공급망 전체를 가시화하고 개선하는 작업을 했다. 그리고 2021년 3월 퇴사 후에도 국내외 많은 공장을 다니며 목격한 한국 제조업의 생생한 현실을 바탕으로 이야기를 풀어나가겠다.

필자가 목격한 한국의 공장 현실은 극단적으로 양분되어 있다. 창원의 LG전자, 볼보코리아, 안산의 캐논 코리아, 인천 부평의 요꼬가와전기 공장 등은 탁월했다. 작업자의 동작에 절도가 있고 리듬감이 넘치며 그야말로 세계 최고 수준의 생산성을 보여준다. 작업 중에는 핸드폰을 소지하지 않고 휴식 시간에만 확인하는 등의 기본적인 룰도 명확하게 지켜지고 있었다.

반면, 한국의 어떤 공장에 들어가면 정반대의 풍경이 펼쳐진다. 작업자가 무선 이어폰을 낀 채 일하며, 작업 표준은 지켜지지 않아, 동일한 작업이라도 작업자에 따라 일하는 방식이 다르다. 작업 속도도 작업자마다 다르고, 부품 재고는 많고 뭐가 뭔지 알기 힘들다. 생산하는 제품에 대한 정보가 제대로 취합되지 않았고, 이런 것을 지적하면 강하게 반발했다. 같은 나라 안에서 이렇게 양극단의 공장이 상존한다는 것은 매우 위태로운 현실이다.

특히 생산성이 좋지 않은 공장에서 공통으로 발견되는 문제는 '본사(경영진)와 현장(공장)의 심각한 괴리'다. 필자가 현장에서 육안으로 관찰한 공장의 모습과 서류에 적혀 있는 공장 데이터가 다르다. 본사의 경영진은 공장을 수치화된 보고서에만 의존하고 단기적인 결과를 요구한다. 현장(공장과 관련된 사무실 직원 포함)은 강한 연대 의식을 가지면서 다른 구성원에 대해서 적대적이다. 더욱 치명적인 건 이러한 비정상적인 상태가 장기화하면서, 이제는 누구도 이 불변한 진실을 건드리려 하지 않는다는 점이다.

그렇다면 이 심각한 괴리를 어떻게 메우고 다시 경쟁력을 확보할 수 있을까? 필자는 그 해법을 '개방성(Openness)'과 '원칙(Principles)'의 회복이라 생각한다. 첫째는 '개방성'이다. 한국에서 세계 최고 수준의 생산성을 보여준 공장들(볼보코리아, 캐논코리아, 요꼬가와전기)은 대부분 외국 기업과 합작 회사이다. 이는 외부의 건전한 자극과 글로벌 표준을 수용하는 열린 태도가 공장을 더 강하게 만든다는 증거다.

둘째는 흔들림 없는 '제조 원칙과 철학'이다. 동력원이 다양해지는 전환기에는 공장의 운영 철학이 무엇보다 중요하다. 폭스바겐은 전기차로의 전환을 위해 성급하게 '전기차 전용 공장'을 지었지만, 전기차 수요가 정체되자 가동률 저하라는 부메랑을 맞았다. 반면, 토요타는 내연기관, 하이브리드, 전기차를 한 라인에서 같이 생산하는 '혼류 생산' 방식에 집중했다. 전환기에는 시장 상황에 따라 생산 비율을 조절할 수 있는 '유연성'이 더 적절한 전략이다. 한편, 전기차 원가의 30~40%를 차지하는 배터리는 공장에 쌓아두는 순간 막대한 금융 비용을 발생시킨다. 그렇다면, 오히려 관련 부품을 더욱 적시 공급(Just in Time)하는 것이 더욱 바람직하지 않을까?

향후 전기차가 대세가 되면 공장의 모습은 변할 것이다. 하지만 효율적인 공장의 청사진은 책상 위 모니터 앞에서만 그려질 수 없다. 현재 현장에 있는 문제점을 직시하고 어떻게 개선할지 치열하게 토론하는 과정에서만 만들어질 수 있다. 최근에는 인공지능이 장착된 휴머노이드 로봇이 작업 현장에 들어올 거라는 예측이 많다. 하지만, 이 또한 표준화된 현장에서 숙련된 인력의 데이터를 학습해야만 가능하다. 현재의 낮은 생산성을 일거에 만회해 줄 '전가의 보도(傳家之寶刀)'는 없다.

상품, 중국발 표준이 세계를 덮친다

세 번째 자동차라는 '상품'의 속성이 변한다. 여기서 우리는 중국을 바라보는 시각을 근본적으로 바꿔야 한다. 과거 우리에게 중국은 한국 차를 파는 거대한 '시장'이거나, 저렴한 인건비를 활용하는 '공장'이었다. 하지만 지금의 중국은 자동차라는 상품의 개념을 송두리째 바꾸는 '새로운 표준의 발신지'가 되고 있다.

중국의 전기차들을 보라. 리오토는 차 안에 냉장고와 대형 스크린을 넣어 '움직이는 거실'을 만들었고, 샤오미는 가전제품과 자동차를 연결해 '제3의 생활 공간'을 창조했다. 과거의 기준인 마력이나 코너링 성능 같은 '주행의 맛'에 더해 끊임없이 다양한 '디지털 체험'을 제공하면서 상품의 속성을 변화시키고 있다.

이러한 변화의 정점에는 인공지능이 있다. 〈자료 10-3〉은 니오의 AI 어시스턴트 '노미(NOMI)'다. 차량이 평소 운전자의 주

대시보드 중앙의 둥근 로봇이 운전자를 바라보며 표정을 짓는다.

행 습관과 목소리 톤을 깊이 학습하고 이해하여, 상황에 맞게 교감하는 '인격'을 갖추게 된 것이다. 덕분에 중국차는 단순한 기계를 넘어 운전자와 소통하는 '반려(Companion) 디바이스'로 진화했다. 메이커마다 친구, 가족, 참모 등 추구하는 인격의 콘셉트는 다르지만, 차를 더 이상 차가운 기계가 아닌 '나를 이해하는 존재'로 만들었다는 점은 동일하다.

문제는 이것이 중국 내수용 유행으로 끝나지 않는다는 점이다. 중국에서 검증된 이 '중국식 상품 표준'이 가성비와 풍부한 편의 사양을 무기로 동남아, 남미, 중동 등 글로벌 사우스 시장으로 빠르게 스며들고 있다. 이들 지역의 소비자들에게는 어느 정도 차량의 기본기를 갖춘 상태에서, 중국차의 화려한 인포테인먼트와 편안한 공간에 더 매력을 느낄 수 있다.

위기를 넘어 위대한 도약으로

마지막으로 우리는 스스로에게 질문을 던져야 한다. 우리는 왜 중국의 부상을 제대로 예측하지 못했을까? 근본적인 원인은 우리가 경쟁 상대를 '과소평가(Underestimation)'했기 때문이다.

2025년 2월 하버드 비즈니스 리뷰에 실린 잭 다이크발드 칼럼은 이 지점을 뼈아프게 꼬집는다. 2011년, 일론 머스크는 BYD를 경쟁자로 생각하느냐는 질문에 "그들의 차를 본 적이 있느냐?"라며 비웃었다. 당시만 해도 서구 자동차 업계는 중국을 그저 '짝퉁 공장'이나 '저가품 시장' 정도로 치부했다. 하지만 10여 년이 지난 지금, BYD는 테슬라를 위협하는 세계 최대의 전기차 기업이 되었다. 머스크의 비웃음은 이제 업계의 오만을 상징하는 역사적인 일화가 되었다.

우리는 흔히 혁신을 '0에서 1'을 만드는 발명이라고만 생각한다. 그러나 중국 기업들의 진정한 강점은 '1에서 10'으로 만드는 확장과 완성에 있다. 필자가 앞서 4장에서 설명한 '유사 오픈 아키텍처(Pseudo Open Architecture)'가 바로 그 원동력이다. 그들은 완벽하지 않더라도 기존에 있는 부품과 기술(모듈)을 빠르게 조합하고 연결하여, 압도적인 속도로 다양한 제품을 시장에 쏟아낸다. 그리고 시장의 반응을 보며 무서운 속도로 무리를 이루며 진화한다. 그리고, 이제 중국은 단순한 시장이 아니라 전 세계에서 가장 치열한 '글로벌 제품의 성능 시험장(Proving Ground)'이 되었다.

이제는 인정해야 한다. 우리는 자동차의 디지털화 경쟁에서 중국의 신흥 메이커들에게 졌다는 것을 인정하자. 인정하고 싶지 않겠지만, 냉정하게 패배를 인정하는 순간 비로소 반격의 실마리가 보인다. 우리가 왜 졌는지, 그들이 무엇을 잘했는지를 철저히 분석하고 다시 따라잡을 방법을 치열하게 생각하고 토론해야 할 때다. 앞서 제시한 연구개발, 공장, 상품의 혁신 과제들은 그 시작일 뿐이다. 이 과제들은 경영층, 연구원, 현장 작업자를 포함한 모든 구성원의 모두 하나가 되었을 때 가능하다.

"절대 이 위기를 낭비하지 마라(Never waste a good crisis)."는

윈스턴 처칠의 말처럼, 지금의 위기는 우리 안에 잠든 야성을 깨울 가장 뜨거운 불씨가 될 것이다. 스마트카에 대한 한국 자동차 산업의 진짜 승부는 이제부터다.

이 시리즈는 해동과학문화재단의 지원을 받아
NAEK 한국공학한림원과 시크릿하우스가 발간합니다.

SDV와 AI가 재편하는 미래 모빌리티 경쟁

스마트카 패권 전쟁

초판 1쇄 인쇄 | 2025년 12월 22일
초판 1쇄 발행 | 2025년 12월 29일

지은이 | 박정규
펴낸이 | 전준석
펴낸곳 | 시크릿하우스
주소 | 서울시 마포구 월드컵북로 400 서울경제진흥원 5층 23호
대표전화 | 02-3153-1355
팩스 | 02-3153-1356
이메일 | secret@jstone.biz
블로그 | blog.naver.com/jstone2018
페이스북 | @secrethouse2018
인스타그램 | @secrethouse_book
출판등록 | 2018년 10월 1일 제2019-000001호

ⓒ 박정규, 2025

ISBN 979-11-94522-28-7 03320